喜楽研の支援教育シリーズ

ゆっくり ていねいに 学びたい子のための

読解ワーク ぷらす 6年

企画・編著 ／ 原田 善造

本書の特色

同シリーズ、読解ワーク①・②の発刊以降に行われた教科書改訂にて、新たに採用された教材を主に掲載しています。

また、様々な文章の読解力をつけることができるように、弊社独自の文章も多数掲載しています。

ゆっくりていねいに、段階を追った学習ができます。

読み書きが苦手な子どもでも、ゆっくりていねいに段階を追って学習することができるよう、問題が作成されています。また、漢字が苦手な子どもでも学習意欲が減退しないように、問題文の全ての漢字にふりがなを記載しています。

どの子も理解できるよう、長文は短く切って掲載しています。

長い文章は読みとりやすいように、主に二つから四つに区切って、問題文と設問に、1、2…の番号をつけ、短い文章から読みとれるよう配慮しました。記述解答が必要な設問については、答えの一部をあらかじめ解答欄に記載しておきました。

豊かな内容が子どもたちの確かな学力づくりに役立ちます。

教科書の内容や構成を研究し、小学校の先生方や特別支援学級や支援教育担当の先生方のアドバイスをもとに問題を作成しています。

あたたかみのあるイラストで、楽しく学習できるよう工夫しています。

問題文に、わかりやすい説明イラストを掲載し、楽しく学習できるようにしました。また、文章理解の補助となるよう配慮しています。

ワークシートの説明・使い方

学習する児童の実態にあわせて、拡大してお使いください。

P6-32（二文・三文・四文・五文の文章を掲載のワークシート）に、QR コードを載せています。ワークシートごとに PDF ファイルをダウンロードすることができます。
※ファイルの読み取りにはパスワードが必要です。パスワードは本書 P5 に記載されています。

長い文章を読みとるのはむずかしいので、読みとりやすいように1 2 3 4などに文章を短く区切っています。

問題文に対応した**イラスト**が描かれています。

説明文（理科）　**五文の文章を読み取ろう ⑥**

名前

1 芝生が広がる奈良公園を歩いていると、幹に金あみが巻かれている木があることに気がつきます。

2 何のために、木に金あみが巻いてあるのでしょうか。

3 それは、金あみがなければ、奈良公園にいるシカが、木の幹や枝をかじってからしてしまうからなのです。

4 つまり、金あみは、植えた木や残したい木を、シカから守るための一つの方法だったのです。

5 また、シカは、木だけでなくカシやシイなどの木の実であるどんぐりや、芽生えた木も食べてしまうので、奈良公園では木が育ちにくく、今も芝生が広がる景観が保たれているといえます。

上の1～5の文章を読んで、答えましょう。

1 筆者は奈良公園でどんなことに気がつきましたか。

2 どんなことをたずねていますか。文を書き出しましょう。
何のために、（　　）に（　　）が（　　）のでしょうか。

3 金あみがないと、シカは何をしますか。
（　　）（　　）からしてしまう。

4 金あみは、何をするための一つの方法だったのですか。
（　　）や（　　）を、（　　）から守るための一つの方法。

5 (1) 奈良公園のシカは木だけでなく、どんなものも食べてしまいますか。
カシやシイなどの（　　）である
どんぐりや、（　　）も
食べてしまう。

(2) そのため、奈良公園では何が育ちにくく、今も芝生が広がる景観が保たれているのですか。

32

1 2 3 4は、上の文章の1 2 3 4にそれぞれ対応しているので、児童が解答を見つける際のヒントになります。

ページによっては、読解の**支援**として、問題文や設問の中の言葉や文に傍線（サイドライン）が引いてあります。

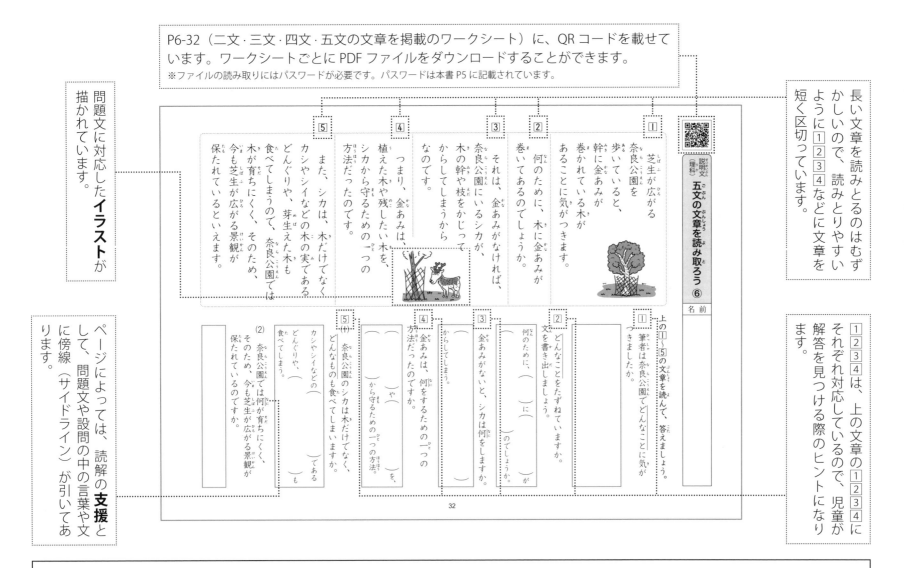

【指導にあたって】

- 上の文章の1を二回音読します。そのあと、下の1の設問に答えます。次に上の文章の2を２回音読します。そのあと、下の2の設問に答えます。3 4 5とある場合も同様に、それぞれ音読し、設問に答えます。設問を解き終えたら、最後にもう一度音読します。
- 詩・短歌・俳句の場合は、先に全体を二回音読します。次に1、2、…と分かれている場合は、それぞれに分けて音読し、設問に答えます。設問を解き終えたら、最後にもう一度音読します。

ゆっくり　ていねいに　学びたい子のための　読解ワーク　ぷらす　6年

もくじ

【古典】教科書教材

【詩・短歌・俳句・季節】教科書教材　他

言葉

解答例

QRコンテンツについて

P6-P32（二文・三文・四文・五文の文章）のワークシートのPDFファイルをダウンロードしてご利用いただけます。

右のQRコードを読み取るか、下記のURLよりご利用ください。

URL：
https://d-kiraku.com/4262/4262index.html
ユーザー名：dokkai-pu6
パスワード：DMjZ5W

※各ページのQRコードからも、それぞれのPDFファイルを読み取ることができます。
※このユーザー名およびパスワードは、本書をご購入いただいた方に限りご利用いただけます。第三者への共有や転送は固くお断りいたします。また、教育目的で児童・生徒に共有される際は、授業を実施される先生・指導者がコンテンツをダウンロードし、ご利用くださいますようお願いいたします。
※上記URLは、本書籍の販売終了時まで有効です。

物語　二文の文章を読み取ろう①

名前

1

季節が春から夏にかわろうとするころ、庭のかたすみに真っ赤な花が、さきました。
その花に、黄色いちょうちょがとんできて、ふわりととまりました。

2

子犬のタスケは、転がったボールをものすごい勢いで追いかけていった。
ボールをくわえたタスケは、大事そうに自分のハウスに持ち帰って、楽しそうに遊び始めた。

1の文章を読んで、答えましょう。

(1) どんな花がさきましたか。

（　　　　）な花

(2) 花は、どこに咲きましたか。

(3) ちょうちょは、どのようにとまりましたか。

（　　　　）とまりました。

2の文章を読んで、答えましょう。

(1) タスケは何の名前ですか。

(2) タスケはどんな様子でボールを追いかけていきましたか。

(3) タスケは、ボールをどこに持ち帰りましたか。

自分の（　　　　）

二文の文章を読み取ろう ②

名前

1

ここなは、小さな窓から
入ってくる夕日に照らされた
絵を見ていました。
　その絵は、ここなが
四年生のころにかいたもので、
大きな花びんに、花が
三本いけてある様子が
かかれていました。

1 の文章を読んで、答えましょう。

(1) 夕日は何を照らしていますか。

(2) その絵は、ここなが何年生のころにかいた絵ですか。

（　　　）のころ

(3) 絵には、どんな様子がかかれていましたか。

（　　　）に、（　　　）が三本（　　　）様子

2

ふみやは、横向きに寝転んで
かべにかかっている時計を
じっと見ていました。
　秒針が一秒ずつ刻んで
進む様子を見ているうちに
いつの間にかねむって
しまいました。

2 の文章を読んで、答えましょう。

(1) ふみやはどのように寝転んでいましたか。

（　　　）に寝転んで

(2) ふみやは、何をじっと見ていましたか。

(3) ふみやは、いつの間にかどうしてしまいましたか。

物語

三文の文章を読み取ろう ①

名前

1

わたしのおじいちゃんは、
長野県のいなかに一人で
くらしています。
おじいちゃんは、野菜作りの
名人で、トマト、スイカ、レタス
などを作っています。
わたしが遊びに行くと
うれしそうに
「おお、よう来たな。」
と言って、
野菜をどっさり
食べさせてくれます。

1の文章を読んで、答えましょう。

(1) おじいちゃんは、何人でくらしていますか。

(2) おじいちゃんは、何の名人ですか。

(3) わたしが、遊びに行くと、おじいちゃんは何と言いますか。

2

ぼくとナオキは、
どちらも鉄道好きだから
とても気が合う。
いつもいっしょに
近くの線路わきに
列車の写真をとりに行く。
列車が近づいてくると
「もう少し、近づいてから！」
「今だ！チャンス！」
と、夢中になって、
シャッターをおす。

2の文章を読んで、答えましょう。

(1) ぼくとナオキは、なぜ気が合うのですか。

（　　　　）だから。

(2) どこへ列車の写真をとりに行きますか。

(3) どんな様子でシャッターをおすのですか。

（　　　　）シャッターをおす。

物語　三文の文章を読み取ろう ②

名前

1

キンモクセイの花の香りがただようころ、この町が一年の内でいちばんもり上がる神社のお祭りがある。

夕飯をすませると、しゅんやは、芸の練習をしに、集会所へ行く。

しゅんやの役は、おきながまいた種を全部食べてしまい、追い払われる子ざるの役だ。

2

ふみのおばあさんは、木の上の方をじっと見ながら、「新緑がきれいな季節の葉のかげのことを緑陰と言って、同じ葉のかげでも新緑だから明るいんだよ。」と教えてくれた。

見上げると、あざやかな緑色の葉に太陽の光が当たって、うすくかげができていた。

ふみは、おばあさんが、新緑のきれいな様子を俳句によもうとしているのだと思った。

1 の文章を読んで、答えましょう。

(1) 神社のお祭りは、何の花の香りがただようころにありますか。

(2) しゅんやは何をしに集会所へ行きますか。

(3) しゅんやは、何の役をしていますか。

2 の文章を読んで、答えましょう。

(1) 緑陰とは何のことですか。

新緑がきれいな季節の（　　　）のこと

(2) どんな色の葉に太陽の光が当たっていますか。

（　　　）の葉

(3) ふみは、おばあさんが何をしようとしていると思いましたか。

新緑のきれいな様子を（　　　）と思った。

物語 四文の文章を読み取ろう ①

名前

1

木立にかこまれた長い坂道を登り切ると、パッと、目の前が開けた。

2

「わあ、すごい。」

明美と京子は、目の前に広がるすばらしい景色に思わず、感動の声をあげた。

3

そこには雪をいただいた北アルプスの山々が連なり、手前には、ふもとの町なみが小さくならんで見えた。

4

二人は、時が過ぎるのも忘れ、無言でこの景色をじっと、ながめていた。

上の1～4の文章を読んで、答えましょう。

1 長い坂道は、何にかこまれていましたか。

2 (1) 登場人物二人の名前を書きましょう。

(2) なぜ、感動の声をあげたのですか。

（　　　）に広がっていた（　　　）が

3 雪をいただいていたのは何ですか。

4 二人はこの景色をどのようにながめていましたか。一つに○をつけましょう。

（　）「すごいね」と言いながら

（　）無言で、じっと

（　）他の人たちを呼んできて

物語

四文の文章を読み取ろう ②

名前

1

父が会社をやめ、瀬戸内の島に帰ってみかん農家を始めたのは、ぼくがまだ三さいのころだったそうだ。

2

そのいちばんの理由は、生まれたころ、体が弱かったぼくに空気がきれいなところで育ってほしいと思ったからだと母から聞いた。

3

そして、父と母も都会での生活につかれていて、静かなところで心豊かに生活したいと考えていたことも大きな理由だ。

4

妹は、この島に来てから生まれて、今はぼくといっしょに島の小学校に通っている。

上の1～4の文章を読んで、答えましょう。

1 (1) 父は、どこに帰ってみかん農家を始めましたか。

(2) 父がみかん農家を始めたのは、ぼくが何さいのころでしたか。

2 瀬戸内の島に帰ったいちばんの理由は何ですか。

生まれたころ、（　　）ぼくに（　　）がきれいなところで育ってほしいと思ったから。

3 父と母は、どうしたいと考えていましたか。

父と母も都会での生活につかれていて、（　　）と考えていた。

4 妹は、今は、どこに通っていますか。一つに○をつけましょう。

（　）島の保育園

（　）島の小学校

（　）島の中学校

物語

五文の文章を読み取ろう①

名前

1 ボンバは、生まれて八か月の子象で、母さんや群れのなかまとくらしています。

2 かん期になると、象の群れは、食べ物や水場をもとめて草原を移動していきます。

3 おさないボンバにとっては、つらい旅ですが、母さんについて一生けんめい歩きます。

4 旅のとちゅうは、ライオンにねらわれたりケガをしそうになったり、きけんがいっぱいです。

5 でも、㋐そんなときは、いつも母さんが助けてくれたり、群れのなかまが守ってくれたりします。

※かん期（乾期）…一年のうちで、特に雨の少ない時期。

上の1～5の文章を読んで、答えましょう。

1 子象の名前を書きましょう。

[　　　　]

2 象の群れは、何をもとめて移動するのですか。

（　　　）や（　　　）

3 なぜ、ボンバにとってはつらい旅なのですか。一つに○をつけましょう。

（　）まだおさないから。

（　）生まれた場所をはなれるから。

（　）なかまがやさしくないから。

4 どんなきけんがありますか。二つ書きましょう。

（　　　）にねらわれる。

（　　　）をしそうになる。

5 ㋐そんなときとはどんなときですか。一つに○をつけましょう。

（　）おなかがへって動けないとき。

（　）きけんな目にあったとき。

（　）なかまとケンカをしたとき。

物語

五文の文章を読み取ろう ②

名前

1
波がおだやかな海岸沿いを、はるとを乗せた電車が走っている。

2
真っ赤に海を照らしながら、西の水平線にしずんでいく太陽は、はるとには、いつもより大きく見えた。

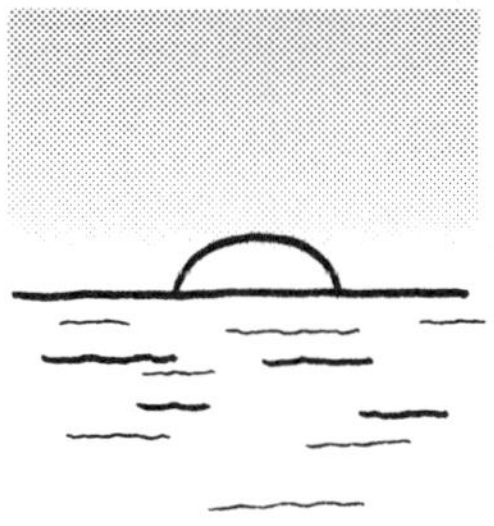

3
一人で電車に乗って祖母の家に向かうのは㋐初めてだった。

4
朝は、きんちょうして、心細かったが、今は、おつかいができたという達成感で、はるとの心は㋑満たされている。

5
はるとが、ひざの上にかかえているかばんの中には、祖母がおみやげに持たせてくれたおかしが入っている。

上の1～5の文章を読んで、答えましょう。

1 はるとを乗せた電車は、どこを走っていますか。

[　　　　]

2 (1) 一日のうちのいつのことですか。一つに○をつけましょう。

（　）朝　（　）昼　（　）夕方

(2) はるとに、いつもより大きく見えたものは何ですか。

西の水平線にしずんでいく（　　　）

3 ㋐どんなことが初めてでしたか。

（　　　）で（　　　）に乗って（　　　）に向かうこと。

4 (1) はるとは、朝は、どんな気持ちでしたか。文中から書き出しましょう。

[　　　　]

(2) ㋑はるとの心は、今は、何で満たされていますか。

（　　　）という（　　　）。

5 祖母がおみやげに持たせてくれたおかしは、どこに入っていますか。

はるとが、（　　　）かばんの中。

説明文（社会）

二文の文章を読み取ろう ①

名前

1

縄文時代、人々は、しかやいのしし、さかなや貝、鳥、木の実などをとってきて食べていました。

たてあな住居に住み、石器や縄文土器を使って生活していました。

2

弥生時代になると、米づくりが広まり、青銅や鉄で作られた道具や武器が使われるようになりました。

しゅうかくした作物や道具などを多く持つ豊かな人と、持っていないまずしい人の差ができてきました。

1の文章を読んで、答えましょう。

(1) 縄文時代の人々は、何を食べていましたか。六つ書きましょう。

(2) どんな家に住んでいましたか。

(3) 使っていた土器に○をつけましょう。

（　　）縄文土器

（　　）弥生土器

2の文章を読んで、答えましょう。

(1) 弥生時代になると何が広まりましたか。

(2) 何で作られた道具や武器が使われるようになりましたか。

（　　　）や（　　　）

(3) 人々にどんな差ができましたか。

道具などを多く持つ（　　　）人と、

道具などを持っていない（　　　）人の差。

説明文（理科）

二文の文章を読み取ろう ②

名前

1

植物の種子から芽が出ることを、発芽といいます。

そして、種子が発芽するには、水と空気、発芽に適した温度の三つの条件が必要です。

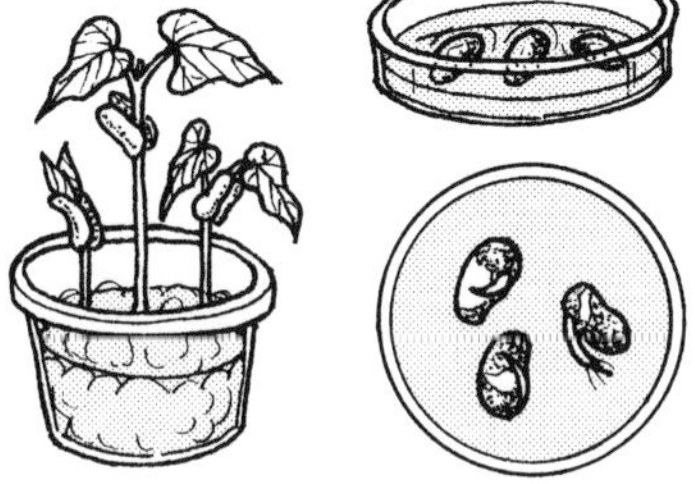

2

インゲンマメの種子には、「子葉」という大きい部分があり、そこは、発芽するとふた葉になるところです。

しかし、この子葉は、発芽するとき、根やくきをのばすための養分をたくわえているところでもあるのです。

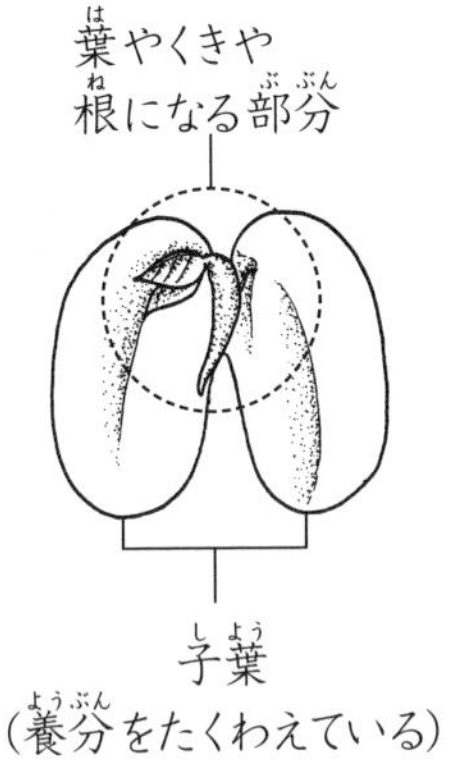

1 の文章を読んで、答えましょう。

(1) この文章では、発芽とは、どんなことだといっていますか。文の中の言葉で答えましょう。

植物の種子から（　　　　）

(2) 発芽に必要なあ三つの条件を書きましょう。

①

②

③ （　　　　）に適した（　　　　）

2 の文章を読んで、答えましょう。

(1) 何について説明していますか。○をつけましょう。

（　）発芽の条件

（　）子葉の役割

(2) いそこは何（どこ）のことですか。

(3) インゲンマメの種子の子葉について書きましょう。

子葉は、（　　　　）するとき、（　　　　）や（　　　　）をのばすための（　　　　）をたくわえているところでもある。

二文の文章を読み取ろう ③

名前

[1] 次の文章は、ある朝の「天気予報」を文章にしたものです。

『昨日、四国地方や近畿地方など、西日本に広く雨をふらせた雲は、今日は東日本へとうつり、関東地方では、昼ごろから雨になるでしょう。

また、西日本では、次第に㋐天気が回復してくる見こみです。』

[2]

気温とは空気の温度のことですが、地面からの高さによってその温度はちがってきます。

気温を正しく測るには、日光が当たらない風通しのよい場所を選び、地面から一・二メートルから一・五メートルくらいの高さのところに温度計を置いてはかるようにします。

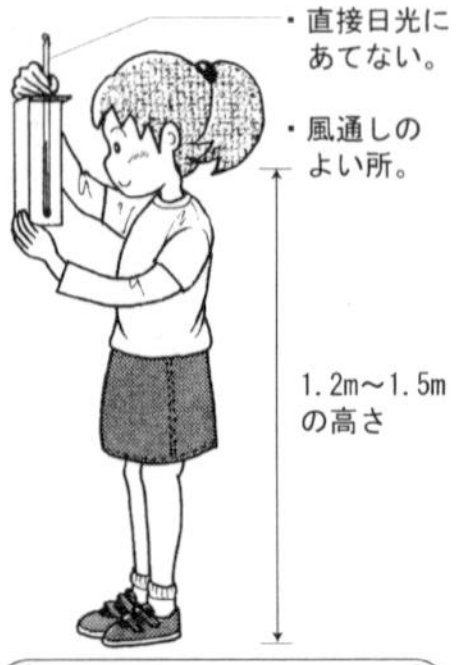
・直接日光にあてない。
・風通しのよい所。
1.2m～1.5mの高さ
気温はいつも同じ場所ではかる。

[1]の文章を読んで、答えましょう。

(1) この天気予報では、雲の動きをどのように伝えていますか。○をつけましょう。

（　）東日本から西日本へとうつる。

（　）西日本から東日本へとうつる。

(2) 今日の昼ごろからの関東地方の天気に○をつけましょう。

（　）晴れ

（　）雨

(3) ㋐天気が回復してくるとはどんな意味ですか。○をつけましょう。

（　）晴れてくる。

（　）雨がふり出す。

[2]の文章を読んで、答えましょう。

(1) 気温とは、何のことですか。

（　　　　　）のこと

(2) 気温を正しくはかるには、どんな場所に温度計を置くとよいですか。三つ書きましょう。

① 地面から測って一・二メートルから（　　）くらいの高さのところ

② （　　）が当たらないところ

③ （　　）のよいところ

説明文（社会）

三文の文章を読み取ろう①

名前

1

邪馬台国は、中国の歴史書に書かれている国で、卑弥呼という女王が治めていました。

女王が住むところは、宮殿や物見やぐらがあり、まわりを堀と柵でかこまれ、兵士が守っていました。

この国が、どこにあったかは、今も分かっていませんが、九州にあったという説と畿内にあったという説が有力です。

※畿内…大王（天皇）が住む都に近い地域のことで、大和国（奈良県）、山城国（京都府南部）、河内国、和泉国（大阪府）、摂津国（大阪府と兵庫県の一部）の五つの国を指します。

2

古墳は、日本各地につくられた王や豪族の墓です。

古墳には、円墳、方墳、円形と四角形を組み合わせたような形の前方後円墳などさまざまな形があります。

つくられた当時のすがたは、表面にふき石がしきつめられ、たくさんのはにわがならび、内部には、亡くなった人をほうむる石室がありました。

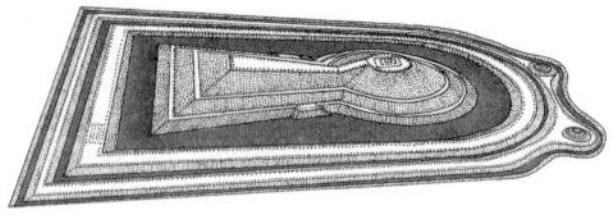

＊「日本」は「にほん」とも読みました。

1の文章を読んで、答えましょう。（習っていない漢字は、ひらがなで書きましょう。）

(1) 邪馬台国を治めていたのは、男の王ですか、女の王ですか。

(2) 女王が住むところにある建物を二つ書きましょう。

(3) 正しいもの一つに○をつけましょう。

（　）この国は九州にあった。

（　）この国は畿内にあった。

（　）この国がどこにあったかは、今も分かっていない。

2の文章を読んで、答えましょう。（習っていない漢字は、ひらがなで書きましょう。）

(1) 古墳とは何でしょう。

（　　　）や豪族の（　　　）

(2) 円形と四角形を組み合わせた形の古墳を何といいますか。

(3) つくられた当時、古墳の表面はどうなっていましたか。

（　　　）がしきつめられ、

（　　　）がならんでいた。

三文の文章を読み取ろう ②

名前

1

春のころの日本の天気は、おおよそ西から東へと移っていきます。

そして、このことをもとにすると、次の日の天気を予想することができます。

つまり、今、住んでいる地方より西の地方の今日の天気を調べると、次の日の天気を㋐予想することができるのです。

＊「日本」は「にほん」とも読みます。

2

「夕焼けは、明日、晴れ」という言い習わしがありますが、これには理由があります。

それは、㋑夕焼けがよく見られるのは、太陽がしずむ西の空が晴れているときだ、ということです。

そして、㋒天気は、西から東へと変わっていくことが多いので、夕焼けのときのように、西の空が晴れていると、その次の日は晴れになることが多いといえるのです。

※言い習わし…昔から言い伝えられてきたことがら、ことば。

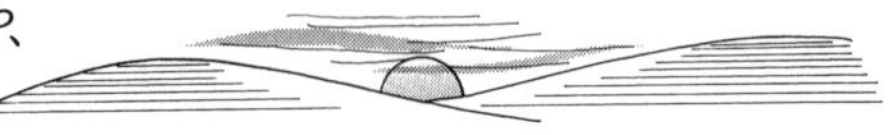

1の文章を読んで、答えましょう。

(1) 春のころの日本の天気は、どのように移っていきますか。

おおよそ（　　　　）

(2) 住んでいる地方より、どの方向の地方の天気を調べると、次の日の天気を予想できますか。○をつけましょう。

（　）東　（　）西

（　）南　（　）北

(3) 何を㋐予想することができますか。

（　　　　）

2の文章を読んで、答えましょう。

(1) ㋑夕焼けがよく見られるのは、どんなときですか。

（　　　　）

(2) ㋒天気はどのように変わっていくことが多いですか。

天気は、（　　　　）ことが多い。

(3) 夕焼けのときのように、西の空が晴れていると、その次の日はどんな天気になることが多いといえますか。

（　　　　）になることが多い。

説明文（理科）

三文の文章を読み取ろう ③

名前

1

魚の中でも、特に多くの卵を産むのはマンボウという魚です。

一ぴきのマンボウのめすの体の中には、二、三億個の卵があり、一度に産むのは、そのうちの数千万個くらいといわれています。

しかし、産んだ卵や、卵からかえった子どもは、海の中をただようちに、そのほとんどがほかの魚などに食べられてしまい、大人になるのは、一、二ひきくらいだろうと考えられています。

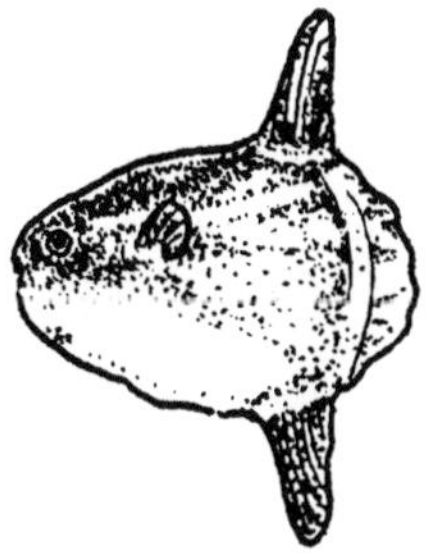

2

「たらこ」や「かずのこ」など、「こ」という言葉のついた食べ物があります。

しかし、これらは、「タラの子ども（稚魚）」や「ニシンの子ども（稚魚）」ではありません。

めすのタラやニシンの体には、何万、何十万という卵が入った、卵巣というところがあり、それらが加工されたものを、「たらこ」や「かずのこ」として食べているのです。

1の文章を読んで、答えましょう。

(1) マンボウの卵の数について答えましょう。

① 一ぴきのマンボウのめすの体の中には、いくつぐらいの卵がありますか。

（　　　　）個

② マンボウが一度に産む卵の数は、そのうちのいくつぐらいですか。

（　　　　）個くらい

(2) マンボウが産んだ卵や、卵からかえった子どものうち、大人になれるのは一、二ひきくらいなのはなぜですか。

そのほとんどが（　　　　）

2の文章を読んで、答えましょう。

（習っていない漢字は、ひらがなで書きましょう。）

(1) 「こ」という言葉のついた食べ物を、文中の言葉で二つ書きましょう。

(2) めすのタラやニシンの体にある、たくさん卵が入っているところを何といいますか。

(3) 文に当てはまるほうに○をつけましょう。

（　）「たらこ」とは、めすのタラの卵巣を加工したものである。

（　）「かずのこ」はニシンの子ども（稚魚）のことである。

説明文（理科）

三文の文章を読み取ろう ④

名前

1

モンシロチョウのよう虫は、足は十六本で、羽はなく、キャベツの葉の上でくらしています。

しかし、やがて成虫とよばれる「親」になると、足は六本になり、四枚の羽根であちこちの花の間を飛び回るようになります。

このように、モンシロチョウのよう虫が成虫になると、そのすがた形はまったく別の虫のようになりますが、よう虫から成虫へと体の形を大きくつくり変えている時期が、さなぎのときなのです。

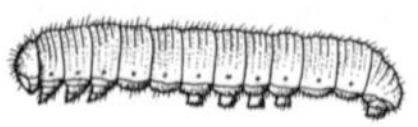
よう虫

さなぎ

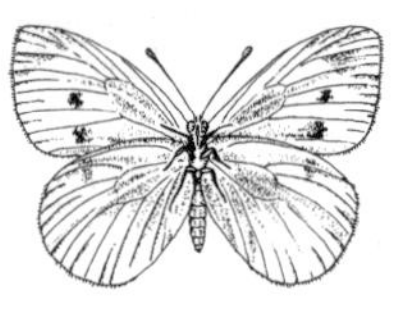
成虫（親）

2

夏のはじめの草むらで虫さがしをすると、バッタの形をしているけれど、㋐変わった形のバッタが見つかることがあります。

それは、すがた形はふつうのバッタに見えるけれども、よく見ると㋑体が小さく羽がないバッタです。

実は、それがバッタのよう虫で、バッタのよう虫は、チョウのような青虫ではなく、羽はないけれども、足も六本あり、バッタの成虫と同じようなすがた形をしているのです。

よう虫

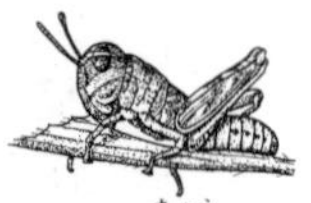
よう虫

成虫（親）

1の文章を読んで、答えましょう。

(1) モンシロチョウのよう虫について、数や言葉を書きましょう。

① 足は（　　）本

② 羽は（　　）

③ （　　）の葉の上でくらしている。

(2) モンシロチョウの成虫について、数を書きましょう。

① 足は（　　）本

② 羽は（　　）枚

(3) 当てはまるものに○をつけましょう。

（　）モンシロチョウのよう虫と成虫は、よくにたすがた形をしている。

（　）モンシロチョウは、さなぎのときに、よう虫から成虫へと、体の形をつくり変える。

2の文章を読んで、答えましょう。

(1) 夏のはじめ、どこで虫さがしをしますか。

(2) ㋐変わった形のバッタとは、どんなバッタですか。

よく見ると（　　）バッタ。

(3) ㋑体が小さくて羽がないバッタは、バッタの何ですか。

バッタの

(4) 上の文に当てはまるもの一つに○をつけましょう。

（　）バッタのよう虫には、羽がある。

（　）バッタのよう虫は、青虫のすがたをしている。

（　）バッタのよう虫と成虫は、よくにたすがた形をしている。

説明文（社会）

四文の文章を読み取ろう ①

名前

1

都が平安京に移され
平安時代になると、
一部の有力な貴族が
朝廷の政治を
動かすようになりました。

2

その中でも藤原氏は、
たくさんの土地を手に入れ、
むすめを天皇のきさきにして、
藤原道長のころに
最も大きな力を持ちました。

3

貴族は、寝殿造りの
やしきで暮らし、
和歌やけまり、
舟遊びなどを
楽しみました。

4

かな文字が発明され、
「源氏物語」や「枕草子」、
大和絵、和歌などに代表される
「日本風の文化」が
貴族の暮らしの中から
生まれました。

上の1～4の文章を読んで、答えましょう。
（習っていない漢字は、ひらがなで書きましょう。）

1 平安時代になると、だれが朝廷の政治を動かすようになりましたか。一つに○をつけましょう。

（　）天皇とその一族
（　）力を持つ武士たち
（　）一部の有力な貴族

2 藤原氏は、どのようにして大きな力を持ちましたか。二つ書きましょう。

3 貴族は、どんなやしきで暮らしましたか。

4 (1) 何が発明されましたか。

(2) どんな文化が生まれましたか。

（　　　　　　）の文化

四文の文章を読み取ろう ②

名前

1
植物が実を結び、種子ができるためには、Ⓐ花のおしべから出る花粉がめしべにつかなければなりません。

2
これを受粉といい、そのやり方は植物によりさまざまです。

3
たとえば、アサガオは、朝、花が開く前におしべが伸び、そのときにおしべの先がめしべの先にふれて花粉がつく、というやり方で受粉しています。

4
つまり、同じ花のおしべとめしべの間で、自然に受粉が行われているのです。

アサガオの花

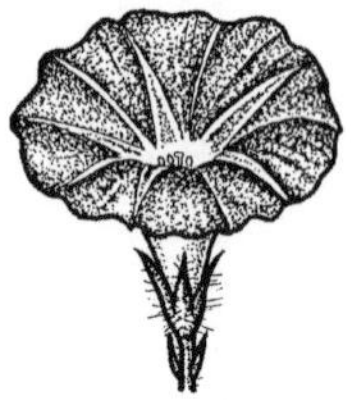

花のつくり

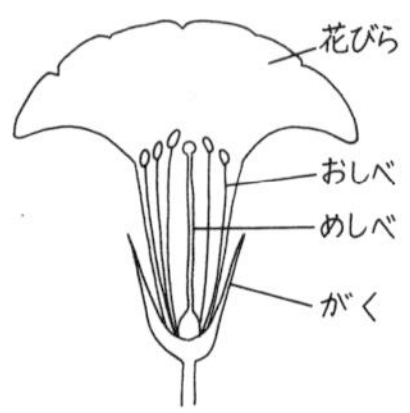

上の1～4の文章を読んで、答えましょう。

1 何のために、Ⓐ花のおしべから出る花粉がめしべにつかなければならないのですか。

植物が（　　）を結び、（　　）ができるため。

2 (1) 花のおしべから出る花粉がめしべにつくことを何といいますか。

（　　）

(2) 受粉のやり方について、当てはまる方に○をつけましょう。

（　）どの植物も同じやり方。
（　）植物によってさまざま。

3 アサガオの受粉のやり方について、正しいもの一つに○をつけましょう。

（　）花が開いたあとに、おしべが伸びてめしべに花粉がつく。
（　）花が開くと、別の花の花粉が飛んできてめしべにつく。
（　）花が開く前に、おしべが伸びておしべの花粉がめしべにつく。

4 アサガオの受粉について、書きましょう。

（　　）花の（　　）と（　　）の間で、（　　）に受粉が行われている。

説明文（理科）

四文の文章を読み取ろう ③

名前

1
ふつう、一つの花の中には、おしべとめしべの二つがそろっていますが、ヘチマやカボチャは、おしべのある「お花」と、実になっていくめしべだけの「め花」があり、それらは別々にさきます。

2
では、このヘチマやカボチャのようにおしべとめしべがはなれている植物では、どのようにしてお花の花粉は、めしべにつくのでしょうか。

3
それは、チョウやハチなどの虫が、花粉を運んでいるのです。

4
虫たちが、みつ（蜜）をもとめて花の間を飛び回るうちに、お花の花粉が虫の体につき、その花粉がめ花のめしべにも運ばれて受粉し、実ができるのです。

ヘチマの花

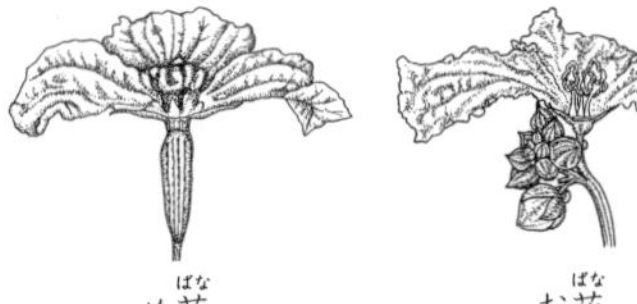

上の1～4の文章を読んで、答えましょう。

1 ヘチマやカボチャの花について答えましょう。

① おしべだけがある花を何といいますか。

② 実になっていく、めしべだけがある花を何といいますか。

2 ヘチマやカボチャの花について、当てはまる方に○をつけましょう。

（　）おしべとめしべが、一つの花の中でとなりどうしならんでいる。

（　）おしべとめしべが、べつの花にあって、はなれている。

3 何がおしべの花粉を運んでいるのですか。

（　　）や（　　）などの
（　　）

4 虫たちは、何のために花の間を飛び回るのですか。○をつけましょう。

（　）花のみつをすうため

（　）花の花粉を、めしべに運ぶため

説明文（理科）

四文の文章を読み取ろう ④

名前

1

植物に、実や種子ができるためには、花がさいて、おしべの花粉がめしべにつかなければなりません。

2

しかし、イチゴやメロンなどを温室でさいばいすると、Ⓐ花はさいても実はできません。

3

それは、温室の中にはふつう花粉を運ぶ虫がいないので、花がさいてもⓘ受粉が行われないからです。

4

そこで農家の人たちは、温室の中に、わざとハチなどの虫を入れて花粉を運ばせ、実ができるようにしているのです。

上の1～4の文章を読んで、答えましょう。

1 植物に、実や種子ができるためには、花がさいて、何がどうならないといけませんか。

（　　　）が（　　　）につかなければなりません。

2 イチゴやメロンをどこでさいばいすると、花はさいても実はできないのですか。

（　　　）

3 (1) Ⓐ花はさいても実はできませんとありますが、それはなぜですか。（2と3の文章を読んで答えましょう。）

温室の中には、ふつう（　　　）を運ぶ（　　　）がいないから。

(2) ⓘ受粉とは何がどうなることですか。（1の文章も読んで答えましょう。）

花がさいて（　　　）が（　　　）につくこと。

4 温室の中で、イチゴやメロンの実ができるようにするために、農家の人たちは、何をしますか。

（　　　）の中に、わざとハチなどの（　　　）を入れる。

四文の文章を読み取ろう⑤

名前

1 今から一億年以上も前の地球には、ティラノサウルスなどの恐竜がたくさんくらしていました。

2 しかし、その後六千五百万年前ごろに、地球に大きないん石がしょうとつするというできごとがあり、それがもとになって、ほとんどの恐竜は絶めつしてしまいました。

3 けれども、そのとき生きのびたわずかな恐竜の中には、その後、すがた形を変え、進化して現在の鳥になっていったものがあったと考えられています。

4 つまり、今見られる鳥の先祖は、大昔の一部の恐竜だったともいえ、今の鳥も二本足で足の指が三本であるところや、たまごを産むところなど、恐竜と同じところがあります。

※ぜつめつ（絶滅）…すっかりいなくなり子孫も残らないこと。

※いん石（隕石）…宇宙から、燃え切らずに地球に落ちてくる石や鉄のかたまり。（このときは直径十キロメートルのとても大きないん石だった。しょうとつしたところは、今のメキシコあたり。）

上の1～4の文章を読んで、答えましょう。

1 (1) 今の地球には恐竜はいますか、いませんか。○をつけましょう。

（　）います　（　）いません

(2) 地球にティラノザウルスなどの恐竜がいたのはいつごろですか。

今から（　　　　）

2 恐竜が絶めつしたのは、①いつごろで、②どんなできごとがあったからですか。

① いつごろ

（　　　　）ごろ

② どんなできごと

（　　　　）というできごと

3 生きのびたわずかな恐竜の中には、進化して、現在の何になっていったものがあったと考えられていますか。

現在の（　　　　）になっていった。

4 今の鳥と恐竜で、同じところを三つ書きましょう。

（　　　　）

（　　　　）

（　　　　）

1～4の文章全体を読んで、答えましょう。

当てはまるもの二つに、○をつけましょう。

（　）今、地球には、恐竜はいない。

（　）地球には、今も恐竜はいる。

（　）今の鳥と大昔の一部の恐竜の体には同じところがある。

説明文（理科）

四文の文章を読み取ろう ⑥

名前

1
みなさんの
おうちの台所には、
あ料理の材料として、
小麦粉や砂糖などと
ともに、「かたくり粉」も
ならんでいることでしょう。

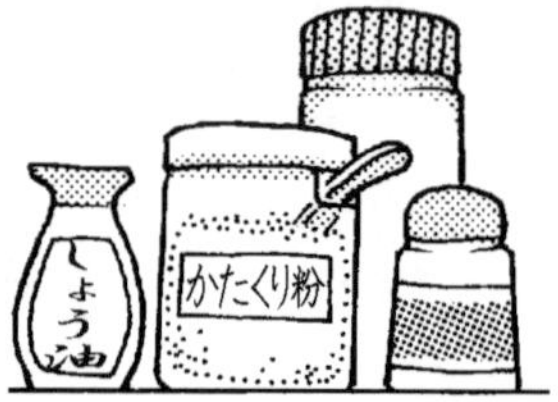

2
かたくり粉は、
さらさらした白い粉ですが、
水でといて温めていくと、
とろりとした感じになるので、
八宝菜のように、
料理に「とろみ」をつけたい
ときによく使われます。

3
このかたくり粉は、
もともとは「カタクリ」という
ユリのなかまの植物の球根
（正しくは地下茎）からとれる
でん粉だったのです。

4
しかし、とれる量が少なく、
今ではその代用として、
ジャガイモからとった
でん粉が
「かたくり粉」という
よび名で使われています。

※代用…そのものの代わりに用いること。

上の1～4の文章を読んで、答えましょう。

1 あ料理の材料を文中からさがして三つ書きましょう。

2 (1) かたくり粉は、どんな粉ですか。

（　　　）した（　　　）粉

(2) かたくり粉は、料理に何をつけたいときによく使われますか。

3 かたくり粉は、もともとは何という植物からとれるでん粉でしたか。

4 今、「かたくり粉」というよび名で使われているものに、○をつけましょう。

（　）カタクリからとったでん粉

（　）ジャガイモからとったでん粉

説明文（社会）

五文の文章を読み取ろう ①

名前

1
鎌倉は、北、東、西の三方を山にかこまれ、南には海が広がっている土地です。

2
平氏をたおした源頼朝は攻められにくく、守りやすいこの地に幕府を開きました。

3
頼朝は、けらいである御家人の領地の所有を認め、てがらをたてれば、ほうびとして新しい領地をあたえました。

4
頼朝の「御恩」に対し、御家人たちは、「奉公」として、戦いが起これば、幕府のために戦いました。

5
朝廷が幕府をたおす命令を出して攻めようとしたときも、御家人たちは、幕府を守って朝廷軍を打ち破りました。

上の1～5の文章を読んで、答えましょう。

1 鎌倉のどの方向に山がありますか。三つに○をつけましょう。

（　）東　（　）西
（　）南　（　）北

2 源頼朝は、なぜ鎌倉に幕府を開いたのですか。

（　　　　）にくく、（　　　　）やすいから。

3 頼朝は、御家人がてがらをたてれば、ほうびとして、何をあたえましたか。

（　　　　　　　　）

4 御家人たちは「奉公」として、どんなことをするのですか。

（　　　　）のために（　　　　）こと。

5 朝廷軍が攻めてきたとき、御家人はどうしましたか。一つに○をつけましょう。

（　）朝廷軍といっしょに幕府を攻めた。
（　）朝廷軍と戦わずににげた。
（　）幕府を守って戦った。

説明文（理科）

五文の文章を読み取ろう②

名前

1 イソギンチャクは、海の底の岩などにくっついていて、ほとんど動かない生き物ですが、このイソギンチャクは、動物のなかまなのか、それとも植物のなかまなのか、どちらなのでしょうか。

2 イソギンチャクは、魚やエビ、カニのように泳ぎ回らず、動かないところは海草のなかまのようであり、植物にも見えます。

3 しかし、イソギンチャクがどのようにして養分を手に入れているのかを観察すると、海中の小さな生き物をつかまえて食べていることが分かります。

4 それに、体のつくりを調べると、食べたものを消化するところもあります。

5 このように、ほかの生き物をつかまえて食べ、そこから養分をとり入れているところは魚などと同じ生き方なので、動かなくてもイソギンチャクも動物のなかまだといえるのです。

上の1～5の文章を読んで、答えましょう。

1 イソギンチャクはどんな生き物ですか。

海の底の（　　）などに（　　）いて、ほとんど（　　）生き物。

2 イソギンチャクが植物にも見えるのは、なぜですか。

イソギンチャクは、魚やエビ、カニのように（　　）から。

3 イソギンチャクは、どのようにして養分を手に入れていますか。

海中の（　　）を
とらえて（　　）。

4 イソギンチャクの体のつくりを調べると、体にはどんなところがありますか。

食べたものを（　　）するところ。

5 当てはまる方に、○をつけましょう。

（　）動かなくても、ほかの生き物をつかまえて食べているものは、動物といえる。

（　）イソギンチャクは、動かないので動物とはいえない。

説明文（理科）

五文の文章を読み取ろう③

名前

1

ガリレオ・ガリレイは約四百年前のイタリアの人で、望遠鏡を使って月や木星を観察したり、太陽の黒点を見つけたりした人ですが、それだけでなく「ふりこのきまり」を見つけたことでも有名な科学者です。

2

「ふりこのきまり」を見つけたきっかけは、ピサの町の教会で、つるされたシャンデリアが右へ左へと、ゆっくりとゆれる様子を見たことでした。

3

時間がたつにつれて、シャンデリアのゆれはばは小さくなっていきますが、ゆれはばが小さくなっても、シャンデリアが一往復する時間は変わっていないように見えたのです。

4

そして、このことを確かめるために、ガリレオは、時計の代わりに自分の脈はくを使って、シャンデリアが一往復する時間を計ってみました。

5

すると、やはり、ゆれるはばが大きいときも、小さいときも一往復する時間は変わらない、ということが確かめられ「ふりこのきまり」として、多くの人に知られるようになったのでした。

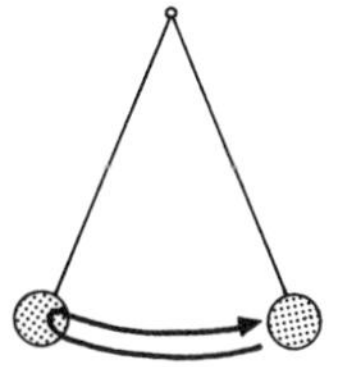

ふりこ

上の1〜5の文章を読んで、答えましょう。

1 (1) ガリレオ・ガリレイは、約何年前のどこの人ですか。

約（　　　）前の（　　　）の人

(2) ガリレオは、望遠鏡を使って何をしましたか。

① （　　　）や（　　　）を観察した。

② 太陽の（　　　）を見つけた。

2 「ふりこのきまり」を見つけたきっかけは、どこで、何を見たことですか。

① どこで　ピサの町の（　　　）

② 何を　（　　　）が右へ左へとゆっくり（　　　）様子。

3 時間がたつにつれ、シャンデリアのゆれはばはどうなっていきますか。

4 ガリレオは何を使って、シャンデリアが一往復する時間を計りましたか。

5 どんなことが確かめられましたか。

ゆれるはばが（　　　）ときも、（　　　）ときも、一往復する時間は（　　　）ということ。

説明文（理科）

五文の文章を読み取ろう④

名前

1
生物は、大きくライオンやイヌ、人などの動物と、マツやタンポポ、イネなどの植物とになかま分けすることができます。

2
では、㋐動物と植物のいちばんのちがいは何でしょうか。

3
それは、動物と植物とでは、動くか動かないかではなく、生きるためや、成長に必要な養分を手に入れる方法がちがっていることです。

4
㋑生きるために必要な養分をほかの生物を食べることによってとり入れ、生きている生き物が動物です。

5
いっぽう、植物は㋒光を浴びることによって、成長に必要な養分を、自分で作り出している生き物なのです。

上の1～5の文章を読んで、答えましょう。

1 次の□の生き物を、動物と植物とに分けて□に書きましょう。

マツ　ライオン　イネ
人　タンポポ　イヌ

動物

植物

2 どんなことをたずねていますか。文を書き出しましょう。

では、（　　　　）は何でしょうか。

3 ㋐動物と植物のいちばんのちがいは何ですか。（2と3の文章を読んで答えましょう。）

（　　　　）ためや、（　　　　）に必要な（　　　　）を手に入れる方法がちがっていること

4 動物は、㋑生きるために必要な養分を何をすることによってとり入れていますか。

（　　　　）によってとり入れている。

5 植物は、㋒光を浴びることによって、何を自分で作り出していますか。

説明文（理科）

五文の文章を読み取ろう ⑤

名前

1 奈良公園には、約千二百頭のシカがいます。

2 シカの主な食べ物は、奈良公園に生えているシバで、そのほか、わかい木の葉なども首をのばして食べています。

3 また、タンポポやヨモギなど、ふつう道ばたに見られる雑草を、シカの口元に持っていくと、よろこんで食べるので、㋐このような植物も、奈良公園にはほとんど見当たりません。

4 一方、シバの根はかなり強く、シカがその葉をちぎって食べても根は残り、また葉がのびてくるので、食べてもシバだけはなくならないのです。

5 奈良公園は、芝生が広がり、まるでゴルフ場か牧場のようにも見えますが、この景色は、このように㋑シカによって作られた、ともいえるのです。

上の1〜5の文章を読んで、答えましょう。

1 奈良公園には、シカが約何頭いますか。

2 奈良公園のシカが主に食べているものは、何ですか。

3 (1) ㋐このような植物とは、どんなものですか。○をつけましょう。

（　）わかい木の葉。

（　）タンポポなどの道ばたに見られる雑草。

(2) ㋐このような植物が奈良公園に見当たらないのは、なぜですか。

（　　　　）が食べてしまうから

4 シバは、シカに食べられても奈良公園からなくなることがないのは、なぜですか。（　）にあてはまるところを文中から書き出しましょう。

シバの（　　　　）くるから

5 ㋑シカによって作られたといえるものは、どんなものですか。一つに○をつけましょう。

（　）奈良公園そのもの。

（　）芝生が広がる奈良公園の景色。

（　）奈良公園近くのゴルフ場や牧場。

説明文（理科）
五文の文章を読み取ろう ⑥

名前

1 芝生が広がる奈良公園を歩いていると、幹に金あみが巻かれている木があることに気がつきます。

2 何のために、木に金あみが巻いてあるのでしょうか。

3 それは、金あみがなければ、奈良公園にいるシカが、木の幹や枝をかじってからしてしまうからなのです。

4 つまり、金あみは、植えた木や残したい木を、シカから守るための一つの方法だったのです。

5 また、シカは、木だけでなくカシやシイなどの木の実であるどんぐりや、芽生えた木も食べてしまうので、奈良公園では木が育ちにくく、そのため、今も芝生が広がる景観が保たれているといえます。

上の1～5の文章を読んで、答えましょう。

1 筆者は奈良公園でどんなことに気がつきましたか。

2 どんなことをたずねていますか。文を書き出しましょう。

何のために、（　　）に（　　）が（　　）のでしょうか。

3 金あみがないと、シカは何をしますか。

（　　）からしてしまう。

4 金あみは、何をするための一つの方法だったのですか。

（　　）や（　　）を、（　　）から守るための一つの方法。

5 (1) 奈良公園のシカは木だけでなく、どんなものも食べてしまいますか。

カシやシイなどの（　　）である
どんぐりや、（　　）も
食べてしまう。

(2) 奈良公園では何が育ちにくく、そのため、今も芝生が広がる景観が保たれているのですか。

物語　帰り道①

名前

1

今日の昼休み、友達五人でしゃべっているうちに、「どっちが好き。」って話になった。「海と山は。」「夏と冬は。」

「ラーメンとカレーは。」

「歯ブラシのかたいのとやわらかいのは。」――

みんなで順に質問を出し合い、「海。」「海。」「山。」「海。」と、ぽんぽん答えていく。(あ)そのテンポに、ぼくだけついていけなかった。

2

㋐「どっちかなあ。」とか、㋑「どっちもかな。」とか、一人でごにょごにょ言っていたら、周也が急にいらついた目でぼくをにらんだんだ。

㋒「どっちも好きってのは、どっちも好きじゃないのと、いっしょじゃないの。」

先のとがったするどいものが、みぞおちの辺りにずきっとささった。(い)そんな気がした。そのまま今もささり続けて、歩いても、歩いても、ふり落とせない。

3

返事をしないぼくに白けたのか、周也の口数もしだいに減って、大通りの歩道橋をわたるころには、(う)二人してすっかりだまりこんでいた。階段を上る周也と、ぼくとの間に、きょりが開く。広がる。ここ一年でぐんと高くなった頭の位置。たくましくなった足取り。ぼくより半年早く生まれた周也は、(え)これからもずっと、どんなこともテンポよく乗りこえて、ぐんぐん前へ進んでいくんだろう。

（令和六年度版　光村図書　国語　六　創造　森　絵都）

上の1～3の文章を読んで、答えましょう。

1 (1) 今日の昼休み、友達五人でしゃべっているうちに、どんな話になりましたか。

「（　　　　）。」って話。

(2) (あ)そのテンポとはどのようなテンポでしたか。

（　　　　）答えていくテンポ。

2 (1) ㋐㋑㋒の三つの言葉の中で、周也が話した言葉はどれですか。一つに○をつけましょう。

㋐（　）　㋑（　）　㋒（　）

(2) (い)そんな気がしたとありますが、ぼくは、どんな気がしましたか。

先のとがった（　　　　）ものが、（　　　　）の辺りにずきっと（　　　　）気がした。

3 (1) (う)二人して、大通りの歩道橋をわたるころには、どうしていましたか。

すっかり（　　　　）いた。

(2) ぼくは、周也が、(え)これからもずっと、どのように進んでいくと思っていますか。

どんなことも（　　　　）乗りこえて、（　　　　）前へ進んでいく。

物語　帰り道②

名前

1

㋐はぁ。声にならないため息が、
ぼくの口からこぼれて、
足元のかげにとけていく。
どうして、ぼく、すぐに
立ち止まっちゃうんだろう。
思っていることが、なんで
言えないんだろう。

2

ぼくは海のこんなところが
好きだ。
山のこんなところも好きだ。
その㋑「こんな」をうまく言葉に
できたなら、周也とちゃんと
かたを並べて、歩いて
いけるのかな。

3

「どっちも好き」と
「どっちも好きじゃない」が
いっしょなら、
「言えなかったこと」と
「なかったこと」も
㋒いっしょになっちゃうのかな。
考えるほどに、
㋓みぞおちの辺りが重くなる。

（令和六年度版　光村図書　国語　六　創造　森　絵都）

上の1〜3の文章を読んで、答えましょう。

1 (1) ㋐はぁ。と、ため息をこぼすぼくの気持ちに、当てはまるもの一つに○をつけましょう。

（　）すっきりしている。
（　）おちこんでいる。
（　）おこっている。

(2) ぼくは、どんなことを考えましたか。

どうして、ぼく、（　　　）に立ち止まっちゃうんだろう。
（　　　）が、なんで言えないんだろう。

2 ㋑「こんな」をうまく言葉にできたなら、ぼくはどうすることができると考えていますか。

周也とちゃんと（　　　）を並べて、（　　　）いける。

3 (1) ぼくは、「どっちも好き」と「どっちも好きじゃない」がいっしょなら、何と何も㋒いっしょになっちゃうのかな。と考えていますか。

「（　　　）」と「（　　　）」

(2) ㋓みぞおちの辺りが重くなると思ったのは、だれですか。当てはまる方に○をつけましょう。

（　）周也　（　）ぼく

物語

さなぎたちの教室 ①

名前

1

　持久走は、校庭から出発して裏のトンボ池を回り、また校庭にもどるコース。なるべく止まらず、会話ができるペースを保つこと、㋐ペアを組むのはそのためだという。

　高月さんと㋑並んで走り始めた。松田君たちが軽くぬき去っていくのを横目に見ながら、ゆっくりのペースで走った。

　会話をとぎれさせないように努めた。勉強のこと、テレビのこと、ペットのこと、でもすぐに何を話していいのか分からなくなった。

2

　㋒頭をめぐらせているとき、視界の中に小さな黒い物が見えたので、思わず㋓口走った。

「目の中に、ごみがある。」

㋔「目に？　痛い？」

　高月さんがあわてて足を止めようとした。

「ごめん。だいじょうぶだよ。」

　あまりに小さいせいか痛くはなかった。ただ、まばたきをするたびに㋕目の中をするうっと泳ぐように動くのが不思議だった。

（令和六年度版　東京書籍　新編　新しい国語　六　安東　みきえ）

上の1・2の文章を読んで、答えましょう。

1

(1) ㋐ペアを組むのは、何のためですか。

なるべく（　　　　）、
（　　　　）ができるペースを保つため。

(2) ㋑だれと並んで走り始めましたか。

2

(1) ㋒頭をめぐらせるとはどんな意味ですか。○をつけましょう。

（　）頭をゆっくりふっている。

（　）いろいろ考えている。

(2) わたしは何と㋓口走ったのですか。

(3) ㋔の言葉を言ったのはだれですか。

(4) ㋕目の中をするうっと泳ぐように動くものは何ですか。○をつけましょう。

（　）走っているときに見える景色。

（　）目の中のごみ。

物語

さなぎたちの教室②

名前

1

あ「目の玉ってさ――。」
走りながら、わたしは言った。

わたし「い水のまくに
くるまれてるんだよね。
ごみが付いて初めて、
まくがあるのに
気づくんだよね。」

高月さん「水っていうより、
なみだじゃないかな。」

わたし「ああ、そうだね。なみだの
まくだよね。」

目を包むなみだのまくを想像してみる。世界と自分の間に透明なまくがあり、それはわたしの全部をやさしく包んでくれている。そう考えると、何だか安心できるのだ。

2

でもこんな話をうっかり続けたら、おかしなことを言う人だとう敬遠されるかもしれない。けれど、高月さんはえちゃんと応じてくれた。

高月さん「そのまくって、おシールド
みたいな感じかな。」

わたし「シールド？」

高月さん「うん。敵から守ってくれる
やつ。こうげきされても
ダメージをあまり受けないの。
ただ、こっちも動きづらく
なるのが欠点で――。」

（令和六年度版　東京書籍　新編　新しい国語　六　安東　みきえ）

上の1・2の文章を読んで、答えましょう。

1

(1) あの言葉を言ったのはだれですか。わたしか、高月さんで答えましょう。

(2) い水のまくについて、当てはまるもの二つに○をつけましょう。

（　）目の玉をくるんでいる。
（　）ごみが付くと、まくができる。
（　）ごみが付くと、まくがあることに気づく。

(3) 高月さんは、い水のまくの「水」のことを何だと言いましたか。

2

(1) う敬遠の意味に、○をつけましょう。

（　）うやまう様子を見せつつ、実はきらって近づかないこと。
（　）優れた人だと、うやまうこと。

(2) えちゃんと応じてくれたのはだれですか。

(3) おシールドについて、当てはまる方に○をつけましょう。

（　）敵をこうげきしてくれる。
（　）敵から守ってくれる。

物語

さなぎたちの教室 ③

名前

1

話のとちゅうで、
はっとしたように顔を向けた。
(あ)「何か、わたし、変なこと
言っちゃってる？」
ちっとも変じゃないよ。
高月さんの意外な面を知った
感じでうれしいよ。それに、
ほんの少し分かり合えた
気がするし。
そう(い)伝えたいけれど、
すでに(う)息が上がってきていた。
わたしは首をふるのが
やっとだった。

2

池のあたりで高月さんは言った。
「ねえ、谷さん、昇降口でのこと、
覚えてるかな？　ほら、三年生の
とき、わたしが前にかがんで
(え)ランドセルの中身を
ぶちまけちゃったこと。」
三年生なんて、ずいぶん前の
ことだ。
「ちこくしそうでみんな
行っちゃったのに、
谷さんだけは
(お)拾ってくれたんだよ。
(か)助けてくれたんだよ。
わたし、ずっと
(き)覚えてた。」

（令和六年度版　東京書籍　新編　新しい国語　六　安東　みきえ）

上の1・2の文章を読んで、答えましょう。

1

(1) (あ)の言葉は、だれが言った言葉ですか。わたしか、高月さんで答えましょう。

(2) わたしは、何を(い)伝えたいのですか。二つに○をつけましょう。
（　）高月さんの意外な面を知った感じでうれしい。
（　）高月さんの名前が分かってうれしい。
（　）少し分かり合えた気がする。

(3) (う)息が上がってきて、わたしは何をふるのがやっとだったのですか。

2

(1) 三年生のとき、昇降口で(え)ランドセルの中身をぶちまけたのはだれですか。谷さんか高月さんで答えましょう。

(2) (お)拾ってくれたのはだれですか。
（　）みんな。
（　）谷さんだけ。

(3) だれが、だれを(か)助けたのですか。谷さんと高月さんで答えましょう。
（　　　）が（　　　）を助けた。

(4) (き)覚えてたのはだれですか。谷さんか高月さんで答えましょう。

物語

さなぎたちの教室④

名前

1

わたしも本当は覚えていた。

あのころ、みんなが自分とちがう人間に見えてとてもⓐこわかった。そんなときにランドセルをひっくり返した高月さんを見て、かたの力がぬけたのだ。わたしもⓘ同じことをやっていたから。みんなだって自分とそんなにちがわない人間なのだとⓤ分かったから。助けてもらったと言うけれど、わたしのほうこそあのときに助けてもらっていたのだ。

2

高月さんは少し照れたようなえがおを向けてくれた。それなのに、答える余裕がわたしにはもう残っていなかった。ここで止まれば高月さんまでⓔまきぞえにしてしまう。何としても足を止めないで走ろう、ⓞそのことに必死だった。

3

すると、高月さんからえがおが消えた。

「覚えてないよね。何かごめんね。」

そう言って、ⓚ少し前に走り出した。

風がふいて、池にさざ波が立った。

高月さんに、もう追いつけないような気がした。

(令和六年度版　東京書籍　新編　新しい国語　六　安東　みきえ)

上の1〜3の文章を読んで、答えましょう。

1

(1) ⓐこわかったのはなぜですか。

みんなが自分と（　　　　）人間に見えたから。

(2) ⓘ同じこととはどんなことですか。

（　）とてもこわいと思うこと。

（　）ランドセルをひっくり返したこと。

(3) ⓤ何が分かったのですか。

みんなだって（　　　　）と
そんなに（　　　　）人間なのだと分かった。

2

(1) ⓔまきぞえの意味に当てはまる方に、○をつけましょう。

（　）余裕がなくなること。

（　）関係のないことに引き込まれてめいわくすること。

(2) 走るのが早いのはだれですか。○をつけましょう。

（　）わたし
（　）高月さん

(3) ⓞそのこととは、どんなことですか。

何としても（　　　　）で走ろう。

3

ⓚ少し前に走り出したのはだれですか。

物語
模型のまち①

名前

1

ポケットの中に、ビー玉が五つ。
亮はときどき(あ)それにさわる。
ビー玉は転がると、
(い)閉じこめられた色のかけらが
代わる代わる現れて、
あっという間に差しこむ光に
とけていく。
いま、むかし、いま、むかし。
亮の手の中で、玉がふれ合い、
カチカチ小さな音がする。
そのたびに亮は、あのまちを
(う)思い出す。

2

亮が初めてビー玉と
(え)出会ったのは、
放課後の学童クラブ。
指導員のおじさんが、
(お)遊び方を教えてくれた。
(か)ビー玉は、模様も大きさも
いろいろ。青みがかった透明の玉、
大理石みたいな白っぽい玉、
赤や黄色のしま模様、
閉じこめられたあわが光る玉……。
亮の目は、小さなガラス玉に
(き)吸い寄せられた。

（令和六年度版　東京書籍　新編　新しい国語　六　中澤　晶子）

上の1・2の文章を読んで、答えましょう。

1
(1) (あ)それとは何のことですか。

(2) (い)閉じ込められた色のかけらは、どんな様子ですか。

（　　　）現れて、
あっという間に差しこむ（　　　）に
とけていく。

(3) 亮は、何を(う)思い出すのですか。

2
(1) 亮が初めてビー玉と(え)出会ったのは、どこですか。

放課後の（　　　）

(2) 指導員のおじさんは、何の(お)遊び方を教えてくれたのですか。

(3) どんな(か)ビー玉がありましたか。二つに○をつけましょう。

（　）大理石みたいな白っぽい玉。
（　）あざやかな緑色の玉。
（　）閉じこめられたあわが光る玉。

(4) 亮の目は、何に(き)吸い寄せられましたか。

物語

模型のまち②

名前

1

遊び方は、あいくつもあるけれど、単純。自分の玉を相手の玉にぶつけ、ぶつかった玉を自分のものにして、数の多いほうが勝ち。

なあんだ、と亮は思った。

簡単、簡単。けれども、実際やってみると、ビー玉は亮の思いどおりには動いてくれなかった。

いあせればあせるほど、玉は勝手な方向に転がっていく。

2

「う言うことを聞かないから、
おもしろい。」

と、おじさんは笑った。だったら、え言うことを聞かせてやるぞ。

亮はそれからおじさんの特訓を受け、おうでを上げたが、少し上手になると、かすぐにあきた。

みんな下手すぎて、相手にならない。

たいくつ。

亮はすぐにビー玉を忘れた。

（令和六年度版　東京書籍　新編　新しい国語　六　中澤晶子）

上の1・2の文章を読んで、答えましょう。

1

(1) 何が、あいくつもあるのですか。○をつけましょう。

（　）ビー玉

（　）ビー玉の遊び方

(2) ビー玉の遊び方を、上の文章の通りに書きましょう。

(3) いあせればあせるほど、玉はどこに転がっていきますか。

（　　　　）に転がっていく。

2

(1) 何がう言うことを聞かないのですか。

(2) え言うことを聞かせてやるぞと思ったのはだれですか。○をつけましょう。

（　）おじさん　（　）亮

(3) おうでを上げたの意味に当てはまる方に○をつけましょう。

（　）手を頭の上の方にのばすこと。

（　）上達すること。

(4) 亮がかすぐにあきたのはなぜですか。

みんな（　　　　）すぎて、

（　　　　）にならないから。

物語　**模型のまち③**

名前

1

亮は六年生の春、支店長になって大張りきりで転勤する㋐母さんといっしょに、ひろしまに来た。

亮にとって㋑転校は、生まれて初めての大冒険だった。

降りたことのない駅、見たことのない景色。新しい学校、知らない顔のクラスメイトと先生……。

2

㋒ここは、河口にひらけたデルタのまちだ。市内を流れる六本の㋓川には、潮が満ちると海の魚もやってくる。晴れた日、川の上の広々とした青空は、まちを明るく見せながら、雲の切れはしをただよわせ、海へと広がっていた。

3

風通しがよくて、確かにきれい。でも、何だかつまんない。それが亮の受けた、㋔まちの第一印象だった。

母さんにそのことを言うと、

「昔のものが全部焼けて、一から新しく作った㋕まちだから、しかたないでしょ。」

と、わかったような、㋖よくわからない答えが返ってきた。

（令和六年度版　東京書籍　新編　新しい国語　六　中澤　晶子）

上の1〜3の文章を読んで、答えましょう。（習っていない漢字は、ひらがなで書きましょう。）

1 (1) 亮は㋐母さんといっしょにどこに来ましたか。

（　　　　）

(2) 亮にとって、㋑転校は、どんなことでしたか。

生まれて初めての（　　　　）。

2 (1) ㋒ここ（ひろしま）は、どんなまちですか。

（　　　　）にひらけた（　　　　）のまち。

(2) ㋓川には、潮が満ちると、何がやってきますか。

（　　　　）

3 (1) 亮の受けた、㋔まちの第一印象を、書きましょう。

（　　　　）がよくて、確かに（　　　　）。でも、何だか（　　　　）。

(2) 母さんは、どんな㋕まちだからしかたない、と答えましたか。

（　　　　）のものが全部（　　　　）、一から（　　　　）まちだから、しかたない。

(3) ㋖よくわからない答えだと思ったのはだれですか。

（　）母さん　　（　）亮

物語 模型のまち ④

名前

1

(あ)このまちは、八十年ぐらい前、
原子爆弾で何もかも
焼きつくされた。今のまちに、
当時を物語るものはほとんど
(い)残っていない。世界遺産の
原爆ドームぐらいは、さすがに
亮でも知っていたが、それも
自分には関係のない、
こわれかけた
昔の建物にすぎなかった。

2

どんなまちだろうと、
転校生にとっては全てが一からだ。
昔の出来事より、新しい学校生活。
亮の頭の中はそれで
(う)いっぱいだったから、
原爆ドームを見たときも、
「ふうん。」で終わり。
ドームの周辺にはさくがめぐらされ、
(え)そこだけ時間が止まったようで、
きみょうな感じ。それでも、
鉄骨がむき出しになった
丸い屋根やくずれた
れんがのかべを
見ていると、亮の胸は、
(お)少しだけ、ざわざわした。

（令和六年度版　東京書籍　新編　新しい国語　六　中澤　晶子）

上の1・2の文章を読んで、答えましょう。
（習っていない漢字は、ひらがなで書きましょう。）

1 (1) (あ)このまち（ひろしま）は、八十年ぐらい前、どんなことがありましたか。

（　　　　）で何もかも（　　　　）。

(2) (い)今のまちに、何がほとんど残っていないのですか。

（　　　　）

2 (1) 亮の頭の中は、何で(う)いっぱいだったのですか。○をつけましょう。

（　）昔の出来事

（　）新しい学校生活

(2) ドームの周辺にはさくがめぐらされ、(え)そこだけどのような感じだと、亮は思っていますか。

そこだけ（　　　　）が（　　　　）ようで（　　　　）な感じ。

(3) 何を見ていると、亮の胸が、(お)少しだけ、ざわざわしたのですか。二つ書きましょう。

① 鉄骨が（　　　　）になった丸い屋根。

② （　　　　）れんがのかべ。

随筆

星空を届けたい①

名前

1

多くのプラネタリウムでは、星や宇宙の解説をしたり、番組を上映したりして、星や宇宙のみりょくを「伝える」ことが㋐大きな目的になっています。

㋑お客さんは、新しいことを知ったり、感動したりして帰っていくのですが、㋒私は、それだけでは何か足りない――と思っていました。

2

㋓プラネタリウムという場所を、公園のように、自由に話をしたり、遊んだりする場所にできないだろうか。

㋔そんな思いから、「プラネタリウム・ワークショップ」という企画が生まれました。

（令和六年度版　光村図書　国語　六　創造　高橋　真理子）

上の1・2の文章を読んで、答えましょう。

1

(1) プラネタリウムの㋐大きな目的は何ですか。

（　　）や（　　）のみりょくを「（　　）」こと。

(2) ㋑お客さんは、どんなことを経験して帰っていくのですか。

（　　）を知ったり、（　　）したりして帰っていく。

(3) ㋒私は、どう思っていましたか。

それだけでは、何か（　　）――と思っていました。

2

(1) ㋓プラネタリウムという場所を、どんな場所にできないだろうか、と私は思っていましたか。

（　　）のように、自由に（　　）をしたり、（　　）する場所。

(2) ㋔そんな思いから、何という企画が生まれましたか。

随筆 **星空を届けたい ②**

名前

1

㋐プラネタリウムに集まった人で、星空の下で俳句を作ったり、音楽をかなでたり、それぞれの人の特別な日の夜空をプラネタリウムで再現しながら、その思い出を語ったりするのです。

2

やがて、ワークショップの参加者が中心になって、㋑「星の語り部」という集まりができました。プラネタリウムを使って行うクラブ活動です。最初は五人でしたが、どんどん仲間が増えて、やがて四十人ぐらいになりました。㋒年齢も、上は七十さいから下は小学生まで、言葉どおりの老若男女。

3

「星の語り部」の活動で、㋓プラネタリウムで上映する番組を手作りしたこともありました。みんなでストーリーを考え、ナレーションをして、音楽を作り、歌を歌い、絵をかき、写真を集めるなど、一つの作品を大勢で作ることは大変でしたが、楽しい時間になりました。

（令和六年度版　光村図書　国語　六　創造　高橋　真理子）

上の1～3の文章を読んで、答えましょう。

1 ㋐プラネタリウムに集まった人はどんなことをするのですか。

（　　　）の下で（　　　）を作ったり、（　　　）をかなでたり、それぞれの人の特別な日の夜空をプラネタリウムで再現しながらその（　　　）を語ったりする。

2 (1) ㋑「星の語り部」という集まりは、何を使って行うクラブ活動ですか。

（　　　）を使って行うクラブ活動。

(2) ㋒どんな年齢の人がいますか。

上は（　　　）さいから下は（　　　）まで。

3 ㋓プラネタリウムで上映する番組を手作りしたとき、みんなでどんなことをしましたか。

みんなで（　　　）を考え、ナレーションをして、（　　　）を作り、（　　　）を歌い、（　　　）をかき、写真を集めた。

随筆

星空を届けたい ③

名前

1

あるとき、あ「星の語り部」のメンバーの一人が、「目が見えない人にも、プラネタリウムを体験してもらいたいね。」と言いました。すると、別のメンバーが、「私の友達に、目が見えない人がいるんです。今度、さそってみます。」と言って、市瀬さんという男性を連れてきてくれました。

生まれたときから目が見えないい市瀬さんは、「今まで、ぼくに星の話をしてくれた人はいなかった。」と言って、星について初めて知ることを喜んでいました。

2

う目が見えない人たちは、自分の身の回りにあるものをさわることで、そこに何があるかを知っていきます。耳が聞こえれば、耳からの情報もとても重要です。しかし、え星や空は、どんなにがんばっても手でふれることはできず、音を出すものでもありません。だから、空に星があるということを、目が見えない人が知るのは、おとても難しいのです。

だからこそ、なんとか工夫をして、目が見えない人たちにも星空や宇宙のことを感じてもらいたい、と思うようになりました。

でも、どうすればよいのでしょう。

(令和六年度版　光村図書　国語　六　創造　高橋　真理子)

上の1・2の文章を読んで、答えましょう。

1 (1) あ「星の語り部」のメンバーの一人が何と言いましたか。

「（　　　　）人にも、
（　　　　）を
体験してもらいたいね。」

(2) い市瀬さんについて、当てはまるほうに○をつけましょう。

（　）生まれたときは目が見えた。
（　）生まれたときから目が見えない。

2 (1) う目が見えない人たちは、そこに何があるかを、どうやって知ることができますか。二つ書きましょう。

① 自分の身の回りにあるものを（　　　　）ことで、知る。

② 耳が聞こえれば、（　　　　）からの情報で知る。

(2) え星や空は、どんなものといっていますか。

どんなにがんばっても
（　　　　）でふれることはできず、
（　　　　）を出すものでもありません。

(3) どんなことが、おとても難しいのですか。

空に（　　　　）があるということを、
（　　　　）人が知ること。

随筆 **ユニバーサルデザイン×天文教育①**

名前

1

㋐ユニバーサルデザインとは、「障害の有無や年齢、性別、国のちがいなどにかかわらず、なるべくたくさんの人たちが利用したり、楽しんだりできるようなサービスやもの、環境をデザインする。」という考え方のことです。

2

星や宇宙のことを伝える㋑活動をしている人たちの中にも、目が見えない人や耳が聞こえない人、車いすに乗った人とも、㋒いっしょに星や宇宙を楽しむ方法を作ろうという動きがあります。

3

例えば、指でさわれば星座が分かるようにした、㋓とつ点のある星座早見盤や、点字や音声がセットになった宇宙の本などがあります。

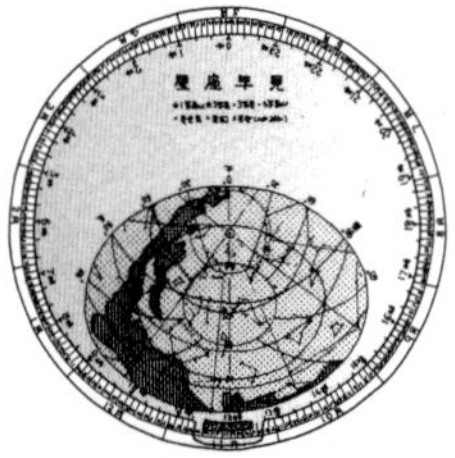

（令和六年度版　光村図書　国語　六　創造　髙橋　真理子）

上の1〜3の文章を読んで、答えましょう。

1 ㋐ユニバーサルデザインとは、どんな考え方のことですか。

「障害の有無や年齢、（　　　）、（　　　）のちがいなどにかかわらず、なるべく（　　　）の人たちが利用したり、楽しんだりできるような（　　　）や（　　　）、環境をデザインする。」という考え方のこと。

2 (1) ㋑活動とは、どんな活動ですか。

（　　　）や（　　　）のことを伝える活動。

(2) ㋒いっしょに星や宇宙を楽しむとありますが、どんな人といっしょに楽しむのですか。三つ書きましょう。

①（　　　）人。

②（　　　）人。

③（　　　）人。

3 ㋓とつ点のある星座早見盤は、指でさわれば何が分かるようにしてありますか。

随筆 **ユニバーサルデザイン×天文教育 ②**

名前

1

また、最近は、Ⓐ3Dプリンターの発達で、さわれる大型望遠鏡の模型を作ることも可能になりました。

2

耳が聞こえない人たちの言葉であるⒾ手話は、天文関係の言葉を表せるものが少なく、それらを作ろうというⓊ動き、さらには、天文関係の言葉を集めて、世界共通で使える新しい手話を作ろうというⒺ動きもあります。

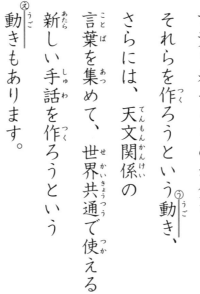

（令和六年度版　光村図書　国語　六　創造　髙橋　真理子）

上の1・2の文章を読んで、答えましょう。

1 Ⓐ3Dプリンターの発達で、何を作ることが可能になりましたか。

（　　　　）大型望遠鏡の（　　　　）。

2 (1) Ⓘ手話は、どんな人たちの言葉ですか。

耳が（　　　　）人たちの言葉。

(2) 手話に関して、ⓊⒺの二つの動きがあります。（　）に言葉を書きましょう。

Ⓤ 手話は、（　　　　）関係の言葉を表せるものが（　　　　）、それらを作ろうという動き。

Ⓔ 天文関係の言葉を集めて、（　　　　）で使える新しい（　　　　）を作ろうという動き。

随筆 ユニバーサルデザイン×天文教育③

名前

1

(あ)実際の星空を楽しむ観望会では、望遠鏡をのぞくことが多いのですが、車いすやストレッチャーに乗っている人には、(い)とても難しいことです。

2

そこで、(う)「光ファイバー」を使い、のぞき窓であるレンズを車いすに乗っている人たちの目まで延ばせるように工夫したものも作られました。

とはいえ、まだ実験段階のものが多く、(え)大勢の人たちが使えるようになるには、いろんな工夫や改良が必要です。

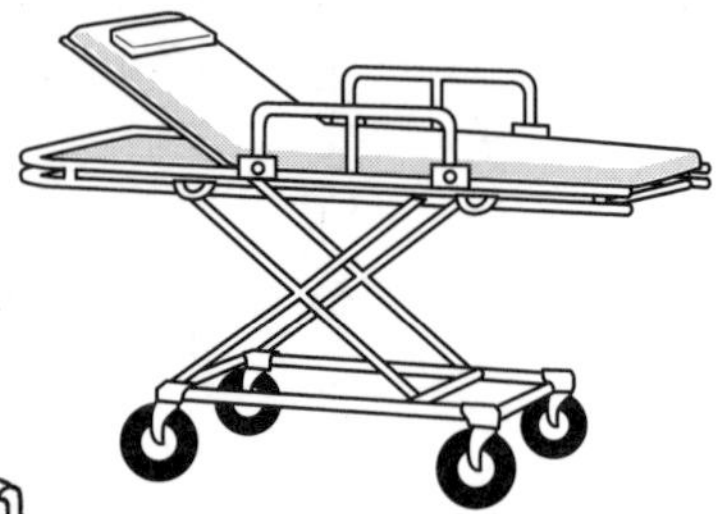
ストレッチャー

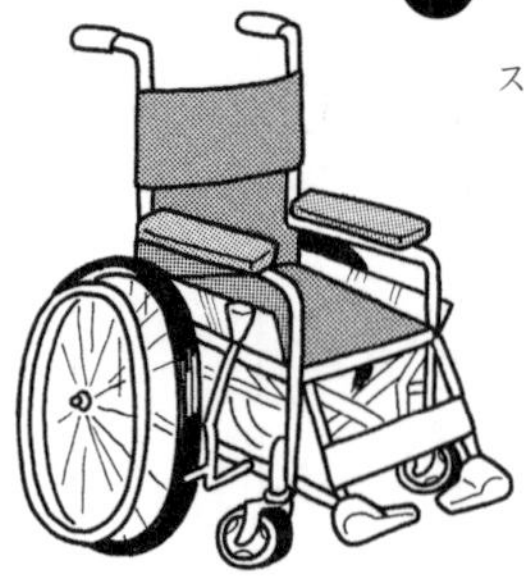
車いす

（令和六年度版　光村図書　国語　六　創造　高橋　真理子）

上の1・2の文章を読んで、答えましょう。

1 (1) (あ)実際の星空を楽しむ観望会では、何をすることが多いのですか。

（　　　　）をのぞくこと。

(2) 望遠鏡をのぞくことは、どんな人には、(い)とても難しいことなのですか。

（　　　　）や（　　　　）に乗っている人。

2 (1) (う)光ファイバーを使って、どんな工夫をしたものが作られましたか。

のぞき窓である（　　　　）を車いすにのっている人たちの（　　　　）まで（　　　　）ように工夫したもの。

(2) 望遠鏡を、(え)大勢の人たちが使えるようになるには、何が必要ですか。

いろんな（　　　　）や（　　　　）が必要。

随筆

考えることとなやむこと

名前

1

あなたはどうだろう。自分の夢や生き方、友達との関係や勉強のことなどについて、考えているだろうか。なやんでいるだろうか。[㋐]、㋑この二つを区別するいちばん簡単な方法は、箇条書きにしてみることだ。

2

例えば、あなたが来週、大勢の前で何かの発表をするとする。

㋒なやんでいると、

「うまくいくかな。」

「失敗したくないな。」

「どきどきする。」という思いしか生まれてこない。でも、考えていると、

「一　どんな話し方をしたら聞き取りやすいか。」

「二　いちばん伝えたいことは何か。」

と書き出すことができる。そうすると、あなたがやるべきことがはっきりしてくるのだ。

3

あなたが今、何かに迷っていたり困っていたりするのなら、何が問題なのかを、㋓箇条書きにしてみよう。

それが、「考えることとなやむことを区別する」ということだ。そうすれば、問題を解決するためにやるべきことが、㋔はっきりと見えてくる。

（令和六年度版　光村図書　国語　六　創造　鴻上　尚史）

上の1～3の文章を読んで、答えましょう。

1

(1) [㋐]に当てはまる言葉に、○をつけましょう。

（　）けれども
（　）それとも

(2) ㋑この二つとは何と何ですか。

①（　　　）こと。
②（　　　）こと。

2

㋒大勢の前で発表をするとき、なやんでいると、どんな思いしか生まれてこないのですか。


「（　　　）。」

「（　　　）したくないな。」

「（　　　）する。」という思いしか生まれてこない。

3

(1) 何を、㋓箇条書きにしてみようと書いてありますか。

何が（　　　）なのかを箇条書きにしてみよう。

(2) どんなことが㋔はっきりと見えてくるのですか。

問題を（　　　）するために（　　　）こと。

随筆　考えることを考え続ける

名前

1

人のような見かけをもち、人と話をする、㋐人間らしいロボットの研究に取り組む現在では、五年生からの疑問であった「気持ち」や「考える」が、研究テーマそのものになっている。

㋑人間らしいロボットを作るためには、人間みたいに感じたり、考えたりできるよう、プログラムしなければならない。そのためには、人の「気持ち」とは何か、人が「考える」とは、㋒何をどうすることなのかを、深く理解する必要がある。

2

これが、非常に難しい。これまでにも、多くの研究者が、「考える」ロボットの研究に取り組んできた。だが、いまだ人間の「考える」には、ほど遠い。

「考える」にも、簡単なものから難しいものがある。計算式をもとに正しく計算したり、多くのデータをもとに対応策を出したりすることは、何をどうするのかをプログラムできるから、ロボットにもできる。しかし、新しいアイデアを出すとか、よく分からないものの仕組みを理解するとか、そういったことは、どのように㋓プログラムすればよいかが分かっていない。だから、ロボットにはできない。人間がプログラムできないので、ロボットは、人間のように「考える」ことができないのである。

（令和六年度版　光村図書　国語　六　創造　石黒　浩）

上の1・2の文章を読んで、答えましょう。

1

(1) ㋐人間らしいロボットとは、どんなロボットのことですか。

（　　　　）をもち、人と（　　　　）をするロボット。

(2) ㋑人間らしいロボットを作るためには、何をしなければいけませんか。

人間みたいに（　　　　）たり、（　　　　）たりできるようロボットを（　　　　）しなければならない。

(3) 人間らしいロボットを作るために、どんなことを㋒深く理解する必要があるのですか。

人の「（　　　　）」とは何か、人が「（　　　　）」とは、何をどうすることなのかを、深く理解する必要がある。

2

(1) ロボットにできることには○、できないことには×を、（　）に書きましょう。

（　）よく分からないものの仕組みを理解すること。
（　）計算式をもとに正しく計算すること。
（　）新しいアイデアを出すこと。
（　）多くのデータをもとに対応策を出すこと。

(2) どんなことが㋓分かっていないのですか。

新しい（　　　　）を出すとか、よく分からないものの仕組みを（　　　　）するとか、そういったことは、どのように（　　　　）すればよいか、ということ。

随筆

考える人の行動が世界を変える

名前

1

哲学者パスカルは、
「人間は考える葦である。」と述べた。

〜(中略)〜

人間は、いつの時代も、社会の大きな流れにあほんろうされる存在かもしれない。

しかし、一見、どうすることもできないような、その時々の世界の流れの中で、何かがおかしいと感じ、どうすればよいかを考え、行動した人たちがいた。戦争のほりょやぎせい者を救う国際赤十字を創立したデュナンや、敵・味方を問わず、負傷した兵士を看護したナイチンゲール。

そして、あのクロアチア系男性だって、そうだ。いかれらは、それまで当然とされていたことに疑問をもち、何が正しいのか、どのような社会にしたいのかを考えた。かれらのような人々の行動が、世界を変えてきたのだ。

2

これからの世界では、AIに判断を任せればよいという人がいるが、う私はちがうと思う。AIは、過去の多くのデータから効率的な結論を導くだけである。えよりよい世界を築くには、人間が、弱い立場の人に心を寄せること、そして、何が大切なのか、何が正しいのか、どういう未来にしたいのかを考え、行動することが重要なのだ。

私たち一人一人が、そんな「考える葦」になれば、どんな課題も解決することができるだろう。

※葦…水辺に生えるイネの仲間の草。

(令和六年度版　光村図書　国語　六　創造　中満　泉)

上の1・2の文章を読んで、答えましょう。

1 (1) 「人間は考える葦である。」と述べた哲学者の名前を書きましょう。

(2) あほんろうされるの意味に○をつけましょう。

( ) 大切に見守られること。

( ) 思いのままに動かされ、もてあそばれること。

(3) いかれらについて、(　)に言葉を書きましょう。

それまで(　　)とされていたことに(　　)をもち、何が(　　)のか、どのような(　　)にしたいのかを考えた。

2 (1) う私はちがうと思うとありますが、どんなことについて、ちがうと思っていますか。

これからの世界では、(　　)に(　　)を任せればよいということ。

(2) えよりよい世界を築くのに、重要なこと二つに○をつけましょう。

( ) 弱い立場の人に心を寄せること。

( ) これからの世界では、AIに判断を任せればよいということ。

( ) 何が大切なのか、何が正しいのか、どういう未来にしたいのかを考え、行動すること。

説明文

時計の時間と心の時間 ①

名前

1

　みなさんが「時間」と聞いて思いうかべるのは、きっと時計が表す時間のことでしょう。私はこれを、(あ)「時計の時間」とよんでいます。「時計の時間」は、もともとは、地球の動きをもとに定められたもので、いつ、どこで、だれが計っても同じように進みます。

2

　しかし、「心の時間」はちがいます。(い)「心の時間」とは、私たちが体感している時間のことです。みなさんは、あっというまに時間が過ぎるように感じたり、なかなか時間がたたないと思ったりしたことはありませんか。私たちが感じている時間は、いつでも、どこでも、だれにとっても、同じものとはいえません。

3

　「心の時間」には、さまざまな事がらのえいきょうを受けて進み方が変わったり、人によって感覚がちがったりする(う)特性があるのです。

（令和六年度版　光村図書　国語　六　創造　一川　誠）

上の1～3の文章を読んで、答えましょう。

1

(1) 私が「時計の時間」とよんでいるのは、どんな時間のことですか。

［　　　　　］時間

(2) (あ)「時計の時間」は、もともと何の動きをもとに定められたものですか。

［　　　　　］

(3) 「時計の時間」について、（　）に当てはまる言葉を書きましょう。

（　　）、（　　）で、（　　）が計っても（　　）ように進みます。

2 (い)「心の時間」とは、どんな時間のことですか。

私たちが［　　　　　］時間

3 「心の時間」には、どんな(う)特性がありますか。

さまざまな事がらの（　　）を受けて（　　）進み方が変わったり、人によって（　　）がちがったりする特性。

説明文

時計の時間と心の時間②

1

㋐分かりやすい例が、「その人が、そのときに行っていることを、どう感じているかによって、進み方が変わる」というものです。

2

みなさんも、楽しいことをしているときは時間がたつのが速く、たいくつなときはおそく感じたという経験があるでしょう。㋑このようなことが起こるのは、時間を気にすることに、時間を長く感じさせる効果があるためだと考えられています。

3

例えば、あなたが㋒ゲームに夢中になっているときには、集中しているので、時間を気にする回数が減ります。すると、時間はあっというまに過ぎるように感じます。

4

㋓逆に、きらいなことやつまらなく感じることには、集中しにくくなるので、時間を気にする回数が増えます。その結果、時間がなかなか進まないように感じるのです。

（令和六年度版　光村図書　国語　六　創造　一川　誠）

名前

上の1～4の文章を読んで、答えましょう。

1 「心の時間」についての㋐分かりやすい例は、どんなものですか。

「その人が、そのときに行っていることを、（　　　）によって、進み方が（　　　）」というもの。

2 ㋑このようなこととは、どのようなことをいっていますか。

楽しいことをしているときは時間がたつのが（　　　）、たいくつなときは（　　　）感じたという経験。

3 (1) ㋒ゲームに夢中になっているときには、時間を気にする回数はどうなりますか。

集中しているので、（　　　）ます。

(2) すると、時間はどのように感じますか。

時間は（　　　）ように感じます。

4 (1) ㋓きらいなことやつまらなく感じることには、時間を気にする回数は、どうなりますか。

集中しにくくなるので、（　　　）ます。

(2) その結果、時間がどのように感じますか。

時間が（　　　）ように感じるのです。

説明文「永遠のごみ」プラスチック①

名前

1

私たちの身の回りには、たくさんの(あ)プラスチック製品があります。ボールペンや消しゴム。店で買う肉や魚がのった白いトレーや、それを包んでいるラップフィルム。安くてじょうぶ、そして衛生的なこれらの(い)プラスチックは、私たちの生活に欠かせないものです。

2

ところが、これがごみになると、とても(う)困った問題を引き起こします。きちんと回収されずに海に流れこんでしまったプラスチックごみは、生き物の体に巻きついたり、えさとまちがえて食べられたりして、その生き物を弱らせてしまいます。

（令和六年度版　東京書籍　新編　新しい国語　六　保坂　直紀）

上の1・2の文章を読んで、答えましょう。

1 (1) 私たちの身の回りにある、(あ)プラスチック製品の例として挙げられているものを、文中から四つ書き出しましょう。

①

②

③ 店で買う肉や魚がのった（　　）

④ トレーを包んでいる（　　）

(2) (い)プラスチックとは、どんなものですか。二つ書きましょう。

① 安くて（　　）、そして（　　）。

② 私たちの（　　）に、欠かせないもの。

2 (う)困った問題とはどんなことですか。

プラスチックごみは、生き物の（　　）に巻きついたり、（　　）とまちがえて（　　）られたりして、その生き物を（　　）せてしまいます。

説明文「永遠のごみ」プラスチック②

名前

1

世界の海には今、一年間で八百万トンくらいのプラスチックごみが流れこんでいると、アメリカの大学などの研究者グループが推定しています。これは(あ)一日に大型ダンプトラックで二千台分もの量になります。これは二〇一〇年の結果なので、現在はさらに増えている可能性があります。

2

海をただようプラスチックごみには、いろいろな種類があります。その一つが、(い)漁をするときに使うあみです。昔は麻などの植物で作られていましたが、現在は多くがプラスチックの糸でできています。(う)このあみが、ウミガメやアシカなどの体に巻きついてしまうことがあります。あしに(え)つり糸がからみついた鳥もよく見かけます。こうなると、かれらは自由に動けなくなり、えさも十分に食べられません。

3

また、(お)海中のレジぶくろはクラゲに似ているので、クラゲをえさにするウミガメが食べてしまいます。(か)これでおなかがいっぱいになると、本物のえさを食べられなくなります。

（令和六年度版　東京書籍　新編　新しい国語　六　保坂　直紀）

上の1～3の文章を読んで、答えましょう。

1 プラスチックごみは、(あ)一日にどのくらいの量になりますか。

（　　）で（　　）台分もの量。

2 (1) (い)漁をするときに使うあみについて、当てはまる方に○をつけましょう。

（　）現在は多くがプラスチックの糸でできている。

（　）現在は多くが植物でできている。

(2) プラスチックの糸でできた(う)あみや(え)つり糸が巻きついたり、からみついたりする生き物の名前を三つ書きましょう。

3 (1) (お)海中のレジぶくろを、何が食べてしまいますか。

(2) ウミガメが(か)これでおなかがいっぱいになると、どうなりますか。

（　　）を食べられなくなる。

説明文

「永遠のごみ」プラスチック ③

名前

1

そして最近、もう一つの大きな問題が知られるようになってきました。プラスチックごみがくだけて大きさが(あ)五ミリメートル以下になった「マイクロプラスチック」の問題です。

2

(い)海の小さな魚は、プランクトンをえさにしています。大きさが一ミリメートルくらいのマイクロプラスチックは、このプランクトンとよく似ているので、小魚はえさだと思って食べます。この小魚を、もっと大きな魚が食べ、それをさらに大きな魚やクジラなどの動物が食べます。こうして、(う)海の生き物全体の体にマイクロプラスチックが取りこまれていくのです。

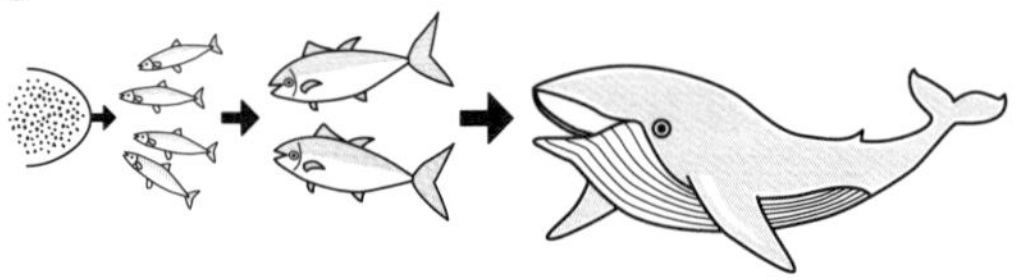

3

プラスチックの中には、生き物の体に悪いえいきょうをあたえる可能性がある(え)成分をふくむものがあります。海をただよううちに、海水にふくまれている汚染物質が(お)表面に付着してしまうこともあります。これらがマイクロプラスチックとして生き物の体に取りこまれると、有害な成分が体内に残ってしまうことが、(か)実験で確かめられています。

(令和六年度版　東京書籍　新編　新しい国語　六　保坂直紀)

上の1～3の文章を読んで、答えましょう。
(習っていない漢字は、ひらがなで書きましょう。)

1 (あ)五ミリメートル以下になったプラスチックを何といいますか。

[　　　　]プラスチック

2 (1) (い)海の小さな魚は、何をえさにしていますか。

[　　　　]

(2) どのようにして、(う)海の生き物全体の体にマイクロプラスチックが取りこまれていくのですか。順番になるように(　)に1～3の数字を書きましょう。

(　)小魚を、もっと大きな魚が食べる。

(　)大きな魚を、さらに大きな魚やクジラなどの動物が食べる。

(　)マイクロプラスチックはプランクトンとよく似ているので、小魚がえさだと思って食べる。

3 (1) プラスチックの中には、どんな(え)成分をふくむものがありますか。

生き物の体に(　　　　)をあたえる可能性がある成分。

(2) 何がプラスチックの(お)表面に付着してしまうことがありますか。

海水にふくまれている(　　　　)が表面に付着してしまうこともあります。

(3) どんなことが(か)実験で確かめられていますか。

(生き物の体に悪いえいきょうをあたえる成分や、汚染物質が)マイクロプラスチックとして生き物の体に取り込まれると、(　　　　)な成分が(　　　　)に残ってしまうこと。

説明文「永遠のごみ」プラスチック④

名前

1

次に、使い終わったプラスチックが、なぜこんな「困ったごみ」になるのかを説明します。

紙ごみや食べ物の残りである生ごみなどは、あ土にうめておくと、やがてなくなってしまいます。土の中にいるたくさんの微生物が、いこのごみを食べて分解してしまうからです。

う紙や食べ物は自然の中にもともとあるものが原料になっているので、それがごみになっても、食べてくれる微生物が自然界にちゃんといるのです。

2

ところが、プラスチックだと、そうはいきません。えプラスチックは、石油などを原料にして人間が作りだしたものです。自然のものではありません。そのため、ごみとなったプラスチックを食べて分解してくれる微生物は、ほとんどいません。たとえ目に見えないほど小さくなったとしても、分解されてなくなるわけではないのです。そこが、お紙ごみや生ごみなどとのちがいです。

3

きちんと回収されず、ぽい捨てされたり街のごみ箱からあふれたりしたかプラスチックごみは、だれかが拾って捨てない限り、いつまでも環境をよごし続けることになります。

（令和六年度版　東京書籍　新編　新しい国語　六　保坂　直紀）

上の1～3の文章を読んで、答えましょう。
（習っていない漢字は、ひらがなで書きましょう。）

1 (1) 紙ごみや生ごみは、あ土にうめておくと、どうなりますか。

やがて（　　　　）しまいます。

(2) 何がいこのごみを食べて分解してしまうのですか。

土の中にいるたくさんの（　　　　）

(3) う紙や食べ物は、どんなものが原料になっていますか。

（　　　　）の中にもともとあるもの。

2 (1) えプラスチックは、どのようなものですか。

プラスチックは、（　　　　）などを原料にして（　　　　）が作りだしたもので、（　　　　）のものではない。

(2) お紙ごみや生ごみなどとのちがいについて当てはまるほうに○をつけましょう。

（　）ごみとなったプラスチックを食べて分解してくれる微生物がいないので、プラスチックは分解されない。

（　）ごみとなったプラスチックを食べて分解してくれる微生物がたくさんいるので、プラスチックは分解されてなくなる。

3 ぽい捨てされたり、街のごみ箱からあふれたりしたかプラスチックごみは、どうなりますか。

だれかが拾って捨てない限り、いつまでも（　　　　）を汚し続けることになる。

天地の文①

名前

1

〈もとの文〉

(あ)天地日月、東西南北。
(い)きたを背に南に向かひて
右と左に指させば、
ひだりは東、みぎはにし。

〈意味の文〉

天と地、そして太陽と月。
東西南北。
北を背にして南に向かって
右と左を指さすと、
左は東、右は西である。

2

〈もとの文〉

(う)日輪、朝は東より次第にのぼり、
暮れはまたにしに(え)没して、
夜(お)くらし。

〈意味の文〉

太陽は、朝は東から
しだいにのぼり、
暮れには西にしずんで、
夜は暗くなる。

（令和六年度版　光村図書　国語　六　創造　福澤諭吉）

上の1・2の〈もとの文〉と〈意味の文〉を読んで、答えましょう。

1 (1) (あ)天地日月の意味を、〈意味の文〉から見つけて、(　)に言葉を書きましょう。

(　　)、そして
(　　)

(2) (い)きたを背に南に向かひて右と左に指させば、ひだりとみぎは、どうなりますか。(　)に言葉を書きましょう。〈もとの文〉から

ひだりは(　　)、みぎは(　　)

2 (1) (う)日輪・(え)没して・(お)くらしの意味を、下から選んで、──線で結びましょう。

(う)日輪　・　　・しずんで
(え)没して　・　　・暗くなる
(お)くらし　・　　・太陽

(2) 太陽は、朝と暮れに、どう動くといっていますか。〈意味の文〉から(　)に言葉を書きましょう。

太陽は、朝は(　　)からしだいにのぼり、
暮れには(　　)にしずむ。

天地の文 ②

名前

〈もとの文〉

春夏秋冬三月づつ合はせて
三百六十日、
一年一年又一年、
百年三万六千日、
人生わづか五十年、
あ稚き時に怠らば
い老いて悔ゆるも
甲斐なかるべし。

〈意味の文〉

春夏秋冬三か月ずつを合わせると三百六十日になり、一年一年を積み重ねると、百年ではおよそ三万六千日となるが、人生はわずか五十年程度である。幼いときに努力を怠り、年を取ってから後悔してもしかたがない。（だから、今、後悔のないように、努力をおしまないようにするのがよい。）

（令和六年度版　光村図書　国語　六　創造　福澤　諭吉）

上の〈もとの文〉と〈意味の文〉を読んで、答えましょう。

(1) 〈もとの文〉を見て（　）にあう言葉を書きましょう。

春夏秋冬（　　）月づつ合わせて
（　　）日

(2) 人生はわづか何年と書いてありますか。

人生わづか（　　）年

(3) あ稚き時に怠らばに当てはまる文を、〈意味の文〉から見つけて書きましょう。

（　　）ときに（　　）を怠り、

(4) い老いて悔ゆるも甲斐なかるべし。に当てはまる文を、〈意味の文〉から見つけて書きましょう。

（　　）を（　　）から
後悔してもしかたがない。

(5) この文章で、筆者が伝えたいことに〇をつけましょう。

（　）今、努力をした方がよい。

（　）年を取るまで努力をしなくてもよい。

古典 狂言「柿山伏」を楽しもう

名前

1

登場人物
シテ（主役）　山伏
アド（相手役）　柿主

修行を終えたばかりの山伏が、空腹のあまりに、柿の木に登って柿を食べていたところ、柿主に見つかってしまった。

2

柿主　やい、やい、やい、やい、やい。
山伏　そりゃ、見つけられたそうな。かくれずは なるまい。（と、顔をかくす。）
柿主　さればこそ、顔をかくいた（かくした。）。あの柿の木のかげへかくれたを、ようよう（よくよく）見れば、人ではないと見えた。
山伏　㋐まず落ち着いた。人ではないと申す。

3

柿主　あれは からすじゃ。
山伏　やあ、からすじゃと申す。
柿主　からすならば鳴くものじゃが、おのれは鳴かぬか。
山伏　これは鳴かずは なるまい。
柿主　おのれ、鳴かずは人であろう。その弓矢をおこせ（よこせ）、一矢に射殺いてやろう。
山伏　こかあ、こかあ、こかあ、こかあ。
柿主　（笑って）されば こそ、鳴いたり 鳴いたり。

※落ち着いた…安心した。

（令和六年度版　光村図書　国語　六　創造「狂言「柿山伏」を楽しもう」による）

上の1～3の文章を読んで、答えましょう。
（習っていない漢字は、ひらがなで書きましょう。）

1
(1) この狂言に出てくる登場人物を、二人書きましょう。
① シテ（主役）［　　　］
② アド（相手役）［　　　］

(2) 柿を食べていたのはだれですか。当てはまる方に○をつけましょう。
（　）山伏　（　）柿主

2
(1) 山伏は、どこにかくれましたか。
あの（　　　　）のかげ。

(2) ㋐まず落ち着いた（安心した）とありますが、山伏が安心したのはなぜですか。当てはまる方に○をつけましょう。
（　）柿主が、さればこそ顔をかくした。と言ったから
（　）柿主が、よくよく見れば人ではないと見えた。と言ったから。

3
(1) 山伏が鳴きまねをした動物は何ですか。
［　　　］

(2) 山伏は、何といって鳴きまねをしましたか。文中より書き出しましょう。
［　　　］

詩

詩から表現の工夫を学ぶ ①

名前

● 次の文は詩の表現技法についての説明です。□に当てはまる言葉を□から選んで書きましょう。

① **比喩** … あるものを他のものに［　　　］て表す方法。
（例…わたがしみたいな雲。）
※人間でないものを人間であるかのように表す擬人法も、比喩の一つ。

② **倒置** … 言葉の［　　］を、ふつうと反対に置きかえる方法。
（例…甘いものが好きだ。辛いものよりも。）

③ **反復** … 同じ、または似た言葉や文を、連続させたり、［　　　　］たりする方法。
（例…何度も何度も練習した。）

④ **擬声語** … 動物などの［　］や自然の音、物音などを、まねて表した言葉。擬音語ともいう。
（例…からすがカアカアと鳴く。）

⑤ **擬態語** … 生物や物事の様子や動きの感じを、それらしい音のように表した言葉。
（例…きらきらとかがやく星。）

※「擬声語」と「擬態語」を合わせて［　　　　　］ともいう。

声　オノマトペ　順番　くり返し　たとえ

詩

詩から表現の工夫を学ぶ ②

名前

1

蟻が
蝶の羽をひいて行く
ああ
ヨットのやうだ

三好　達治　「土」

2

さわってみようかなあ　つるつる
おしてみようかなあ　ゆらゆら

谷川　俊太郎　「どきん」の一部

3

だがキミ！　夏休みよ
もう一度　もどってこないかな
忘れものをとりにさ

高田　敏子　「忘れもの」の一部

（令和六年度版　光村図書　国語　六　創造「詩から表現の工夫を学ぶ」による）

上の1～3の詩を読んで、答えましょう。

1 (1) 蟻が蝶の羽をひいて行く様子を、何のようだとたとえていますか。

(2) この詩で使われている表現の工夫に、○をつけましょう。

（　）擬声語（声や音をまねて表す。）

（　）比喩（あるものを他のものにたとえる。）

2 この詩で使われているオノマトペを二つ書きましょう。

3 (1) この詩の——部で使われている表現の工夫はどれですか。○をつけましょう。

（　）倒置（言葉の順を入れかえる）

（　）反復（言葉をくり返す）

(2) もう一度　もどってこないかな　とは、何によびかけた言葉ですか。

詩 準備

名前

準備

高階杞一

1

(あ)待っているのではない
準備をしているのだ
飛び立っていくための

2

見ているのではない
(い)測ろうとしているのだ
風の向きや速さを

3

初めての位置
初めての高さを
こどもたちよ
(う)おそれてはいけない
この世のどんなものもみな
「初めて」から出発するのだから

4

落ちることにより
初めてほんとうの高さがわかる
うかぶことにより
初めて
(え)雲の悲しみがわかる

（令和六年度版　光村図書　国語　六　創造　高階　杞一）

上の詩を読んで、答えましょう。

1 (あ)待っているのではないとありますが、何をしているのですか。

（　　　　）をしているのだ
（　　　　）ための

2 (い)測ろうとしているのだとありますが、何を測ろうとしているのですか。二つ書きましょう。

風の（　　　　）
風の（　　　　）

3 (1) (う)おそれてはいけないとありますが、何をおそれてはいけないのですか。二つ書きましょう。

初めての（　　　　）
初めての（　　　　）

(2) (う)おそれてはいけないのは、なぜですか。当てはまる方に○をつけましょう。

（　）どんなこともすべて、「初めて」から始まるから。
（　）おそれることで、失敗するから。

4 (え)雲の悲しみは何をすることでわかりますか。

（　　　　）ことによりわかる。

詩

名づけられた葉

名前

名づけられた葉

新川 和江

1

ポプラの木には　ポプラの葉
何千何万芽をふいて
緑の小さな手をひろげ
いっしんにひらひらさせても
ひとつひとつのてのひらに
㋐載せられる名はみな同じ　〈ポプラの葉〉

2

㋑わたしも
いちまいの葉にすぎないけれど
あつい血の樹液をもつ
にんげんの歴史の幹から分かれた小枝に
不安げにしがみついた
おさない葉っぱにすぎないけれど
わたしは呼ばれる
わたしだけの名で　朝に夕に

3

だからわたし　㋒考えなければならない
誰のまねでもない
葉脈の走らせ方を　刻みのいれ方を
せいいっぱい緑をかがやかせて
うつくしく散る法を
名づけられた葉なのだから
考えなければならない
どんなに風がつよくとも

（令和六年度版　光村図書　国語　六　創造　新川　和江）

上の詩を読んで、答えましょう。

1 (1) この詩は、何連でできていますか。

（　　）連

(2) ㋐載せられる名を五文字で書き出しましょう。

□□□□□

2 ㋑わたしを、葉や葉っぱを使って表しています。二つ書き出しましょう。

すぎないけれど　□□□□　葉に

すぎないけれど　□□□□　葉っぱに

3 わたしは、何を㋒考えなければならないのですか。三つ書き出しましょう。

① 誰のまねでもない（　　）の走らせ方

② （　　）のいれ方

③ せいいっぱい緑をかがやかせて（　　）を

季節の言葉　春のいぶき①

二十四節気「春」の言葉

名前

● 日本では、こよみのうえで季節を二十四に区切っていました（二十四節気）。次は、二十四節気の「春」を表す言葉について説明した表です。

(1) ――線の言葉のよみがなをなぞりましょう。

(2) （　）に当てはまる言葉を［　］から選んで書きましょう。

二十四節気	よみがな	説明
立春　二月四日ごろ	りっしゅん	こよみのうえで、（　　）が始まる日。
雨水　二月十九日ごろ	うすい	降る雪が雨に変わり、深く積もった（　　）も解け始める。このころから、早春の気配が感じられるようになる。
啓蟄　三月六日ごろ	けいちつ	地中で冬眠していた虫がはい出てくるころという意味。春も、もうまもなく本番になるころである。
春分　三月二十一日ごろ	しゅんぶん	昼と（　　）の長さが、ほぼ等しくなる。春のひがんの中日である。
清明　四月五日ごろ	せいめい	気候がしだいに温暖になり、すがすがしく、明るい空気に満ちあふれるころ。
穀雨　四月二十日ごろ	こくう	いろいろな穀物をうるおし、芽を出させる春の雨という意味。これを過ぎると、いよいよ（　　）が近づいてくる。

夏　雪　春　夜

（令和六年度版　光村図書　国語　六　創造「季節の言葉1　春のいぶき」による）

季節の言葉　春のいぶき②

短歌

名前

● 次の短歌を読んで、答えましょう。

木立より／雪解のしづく（ず）　落つるおと
聞きつつわれは　歩みをとどむ

※雪解…雪どけのこと。

斎藤　茂吉

（令和六年度版　光村図書　国語　六　創造「季節の言葉1　春のいぶき」による）

(1) 五・七・五・七・七のリズムで読めるように、短歌を／線で区切りましょう。

(2) 作者は何を聞いて春を感じましたか。短歌の中の言葉を□や□に書きましょう。

木の枝から□解けのしずくが落ちる□。

(3) 歩みをとどむの意味に、○をつけましょう。

（　）歩きつづけた。

（　）立ち止まった。

俳句

名前

● 次の俳句を読んで答えましょう。

掘り返す／塊光る　穀雨かな

西山　泊雲

※塊…土のかたまり。

（令和六年度版　光村図書　国語　六　創造「季節の言葉1　春のいぶき」による）

(1) 五・七・五のリズムで読めるように、俳句を／線で区切りましょう。

(2) 季節を表す二十四節気の言葉（季語）をさがして書きましょう。
（習っていない漢字は、ひらがなで書いてもかまいません。）

(3) どんな様子に春を感じていますか。

掘り返した（　　　　）のかたまりが、雨で光っている様子。

詩　季節の足音　春

「テニス」

名前

テニス

竹中　郁

日曜日のⓐお天気は
手毬のぐるりに燃えてゐる
僕たちのⓘラケットが鳴るたびに
お天気は一層晴れ渡る

（令和六年度版　東京書籍　新編　新しい国語　六　「季節の足音　春」による）

上の詩を読んで、答えましょう。

(1) 何連の詩ですか。

（　　）連

(2) 詩の題名を書きましょう。

(3) 作者の名前を、ひらがなで書きましょう。

(4) いつのⓐお天気ですか。

(5) 手毬とは、何のことですか。○をつけましょう。

（　）テニスのラケット
（　）テニスのボール

(6) ⓘラケットが鳴るたびに、お天気はどうなりますか。

一層（　　　　）渡る

季節の言葉　夏のさかり①

二十四節気「夏」の言葉

名前

● 次は、二十四節気の「夏」を表す言葉について説明した表です。

(1) ——線の言葉のよみがなをなぞりましょう。

(2) （　）に当てはまる言葉を［　］から選んで書きましょう。

二十四節気	よみがな	説明
立夏　五月六日ごろ	りっか	こよみのうえで、夏が始まる日。新緑や若葉に、夏の気配が感じられるようになる。
小満　五月二十一日ごろ	しょうまん	立夏から十五日目に当たる。陽気がさかんとなり、（　　　）が成長して満ちてくるという意味。
芒種　六月六日ごろ	ぼうしゅ	「芒」とは、いねや麦などの実のからにある、はりの形をした毛のこと。芒のある穀物の種をまく時期である。
夏至　六月二十一日ごろ	げし	一年の中で、（　　　）が最も長く、夜が最も短い日。昔のこよみでは、夏の真ん中とされた。
小暑　七月七日ごろ	しょうしょ	（　　　）が終わりに近づく。この日から「暑中（夏の暑さがさかんな時期）」に入り、暑さが増してくる。
大暑　七月二十三日ごろ	たいしょ	晴れた日が続き、一年のうちで暑さが最も（　　　）ころ。

［きびしい　昼　つゆ　草木］

（令和六年度版　光村図書　国語六　創造「季節の言葉2　夏のさかり」による）

名前

次の短歌を読んで、答えましょう。

（あ）めざましき／若葉の色の　日のいろの
揺れを静かに　たのしみにけり

島木　赤彦

※めざましき…目が覚めるような。

（令和六年度版　光村図書　国語　六　創造「季節の言葉2　夏のさかり」による）

(1) 五・七・五・七・七のリズムで読めるように、短歌を／線で区切りましょう。

(2) （あ）めざましきとありますが、作者は何についてそう感じたのですか。

［　　　］の色

(3) 作者はどんな様子の葉を見て楽しんでいると思いますか。当てはまる方に○をつけましょう。

（　）目が覚めるような、あざやかな緑色の葉が、太陽の光をあびて、ゆれている様子。

（　）太陽のように赤くなった葉が、風にゆれて落ちていく様子。

俳句

名前

● 次の俳句を読んで答えましょう。

くず餅の／きな粉しめりし　大暑かな

鈴木　真砂女

※しめりし…しめりけがある。

（令和六年度版　光村図書　国語　六　創造「季節の言葉2　夏のさかり」による）

(1) 五・七・五のリズムで読めるように、俳句を／線で区切りましょう。

(2) 二十四節気の言葉（季語）を書き出しましょう。

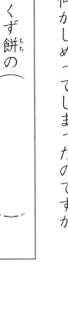

(3) 一年のうちで暑さが最もきびしいころのため、何がしめってしまったのですか。

くず餅の（　　　　）

名前

祖母

三好　達治

祖母は蛍をかきあつめて
桃の実のやうに合せた掌の中から
沢山な蛍をくれるのだ

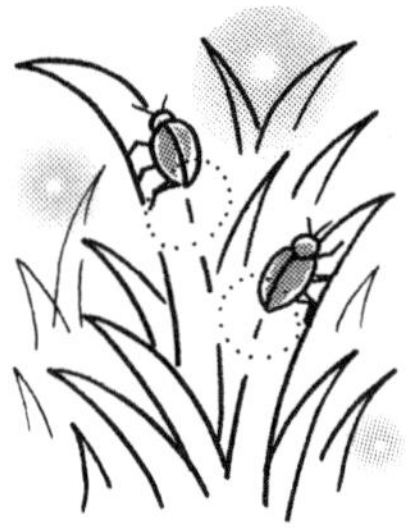

祖母は月光をかきあつめて
桃の実のやうに合せた掌の中から
沢山な月光をくれるのだ

（令和六年度版　東京書籍　新編　新しい国語　六　「季節の足音　夏」による）

上の詩を読んで、答えましょう。

(1) 何連の詩ですか。

（　　）連

(2) 題名を書きましょう。

(3) 作者の名前を書きましょう。

(4) この詩の第一連と第二連は同じ表現をくり返していますが、違う言葉があります。見つけて書きましょう。

蛍　と

(5) 第一連の祖母は蛍をかきあつめてと同じ「祖母」で始まる文を、第二連から見つけて書きましょう。

祖母は（　　）

(6) 二つに祖母がくれるものは何ですか。二つに○をつけましょう。

（　）蛍
（　）桃の実
（　）月光

二十四節気「秋」の言葉

名前

● 次は、二十四節気の「秋」を表す言葉について説明した表です。

(1) ――線の言葉のよみがなをなぞりましょう。

(2) （　）に当てはまる言葉を□から選んで書きましょう。

二十四節気	よみがな	説明
立秋　八月八日ごろ	りっしゅう	こよみのうえで、（　　）が始まる日。
処暑　八月二十三日ごろ	しょしょ	（　　）がやむという意味。
白露　九月八日ごろ	はくろ	立秋から十五日目に当たる。草木の葉につゆが結ぶころ。このころから、だんだん秋らしい感じが増してくる。
秋分　九月二十三日ごろ	しゅうぶん	昼と夜の長さがほぼ等しくなる。これより後は、（　　）の時間が長くなっていく。秋のひがんの中日である。
寒露　十月八日ごろ	かんろ	落葉したりするようになる。冷気に当たって、つゆもこおりそうになるころ。木々の葉も、紅葉したり、
霜降　十月二十三日ごろ	そうこう	近づいてきたことを感じられるようになる。（　　）が降りるころ。冬が

しも　秋　夜　暑さ

(令和六年度版　光村図書　国語　六　創造「季節の言葉3　秋の深まり」による)

季節の言葉　秋の深まり②
短歌

名前

次の短歌を読んで、答えましょう。

とことはに（わ）／吹く夕暮の　風なれど
㋐秋立つ日こそ　㋑涼しかりけれ

藤原公実

※とことはに…いつでも。

（令和六年度版　光村図書　国語　六　創造「季節の言葉3　秋の深まり」による）

(1) 五・七・五・七・七のリズムで読めるように、短歌を／線で区切りましょう。

(2) ㋐秋立つ日は、二十四節気の言葉では、何といいますか。当てはまるもの一つに○をつけましょう。

（　）立夏
（　）立春
（　）立秋

(3) ㋑涼しかりけれとありますが、作者は何を涼しいと感じましたか。

夕暮れの（　　　　）

俳句　季節の言葉　秋の深まり③

名前

● 次の俳句を読んで答えましょう。

白露や／茨の刺に　一つづつ（ず）

与謝蕪村

（よ）（ぶ）

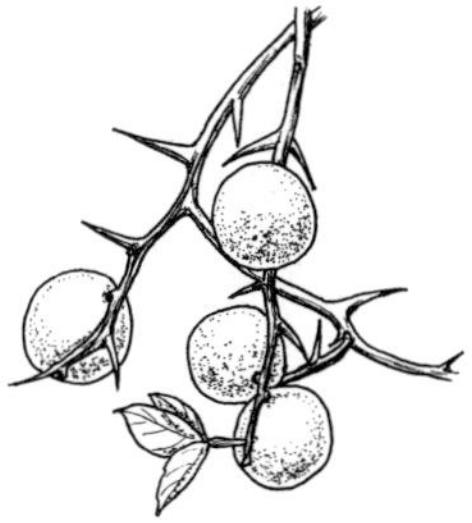

※茨…バラやカラタチなど、とげのある木。

（令和六年度版　光村図書　国語　六　創造「季節の言葉3　秋の深まり」による）

(1) 五・七・五のリズムで読めるように、俳句を／線で区切りましょう。

(2) 二十四節気の言葉（季語）を俳句の中から一つ見つけて書きましょう。

(3) 右の俳句で、作者は何に季節を感じていますか。当てはまるものに○をつけましょう。

（　）茨の刺に一つずつ付いたつゆ。

（　）茨の刺に一つだけ付いたつゆ。

(4) 茨とは、どんな木ですか。

バラやカラタチなど、［　　］のある木。

(5) 作者の名前の横に、ふりがなを書きましょう。

季節の足音 秋

詩「素朴な琴」／短歌

名前

1

素朴な琴

八木 重吉

この明るさのなかへ
ひとつの（あ）素朴な琴をおけば
秋の美くしさに（い）耐へかね
琴はしづかに鳴りいだすだらう

※鳴りいだす…「鳴り始める」の意味。

2

虹よ立て／夏の終りをも　（う）生きてゆく
ぼくのいのちの　頭上はるかに

早坂　類

1の詩を読んで、答えましょう。

(1) （あ）素朴とは、どのような意味ですか。○をつけましょう。

（　）かざりけがなく自然なこと
（　）美しいこと

(2) 季節はいつですか。一つに○をつけましょう。

（　）春　（　）夏
（　）秋　（　）冬

(3) （い）耐へかねとは、どのような意味ですか。○をつけましょう。

（　）耐えられなくなって
（　）耐えようとして

(4) 何に耐へかねているのですか。

（　　　）の（　　　）

2の短歌を読んで、答えましょう。

(1) 五・七（八）・五・七・七のリズムで読めるように、上の短歌を／線で区切りましょう。

(2) 季節はいつですか。一つに○をつけましょう。

（　）夏のはじめ
（　）真夏
（　）夏の終わり

(3) （う）生きてゆくとありますが、だれ（何）が生きてゆくのですか。○をつけましょう。

（　）虹
（　）ぼく

（令和六年度版　東京書籍　新編　新しい国語　六　「季節の足音　秋」による）

季節の言葉　冬のおとずれ①

二十四節気「冬」の言葉

名前

● 次は、二十四節気の「冬」を表す言葉について説明した表です。

(1) ——線の言葉のよみがなをなぞりましょう。

(2) （　）に当てはまる言葉を［　］から選んで書きましょう。

二十四節気	よみがな	説明
立冬 十一月七日ごろ	りっとう	こよみのうえで、（　）が始まる日。まだ秋の気配は残っているが、しだいに冬に近づいていく。
小雪 十一月二十二日ごろ	しょうせつ	寒さはまだ深まっておらず、（　）もそれほど多くはないころ。冬の気配は進んでいる。
大雪 十二月七日ごろ	たいせつ	寒気が増し、雪も激しくなってくるころ。この日を過ぎると、いっそう冬らしくなる。
冬至 十二月二十二日ごろ	とうじ	一年の中で、昼の時間が最も短く、（　）が最も長い日。かぼちゃなど、特定の物を食べる習わしがある。 
小寒 一月五日ごろ	しょうかん	この日から立春になるまでの期間を「寒」といい、小寒は「寒の入り」ともいわれる。
大寒 一月二十日ごろ	だいかん	一年の中で最も寒い時期。「寒」があけて立春になると、（　）が近づいてくる。 

［ 春　夜　冬　雪 ］

（令和六年度版　光村図書　国語　六　創造「季節の言葉4　冬のおとずれ」による）

短歌／俳句

名前

1 次の短歌を読んで、答えましょう。

あたらしく／冬きたりけり　㋐鞭のごと
幹ひびき合ひ㋑　竹群はあり

宮　柊二

※竹群…竹やぶ。竹の林。

（令和六年度版　光村図書　国語　六　創造「季節の言葉4　冬のおとずれ」による）

(1) 五・七・五・七・七のリズムで読めるように、短歌を／線で区切りましょう。

(2) 季節はいつですか。

(3) ㋐鞭のごと幹ひびき合ひ㋑とは、どんな様子を表していますか。当てはまる方に○をつけましょう。

（　）冬の風がふき、竹やぶの竹が鞭のように曲がり、幹どうしが当たって、音をひびき合わせている様子。

（　）竹の幹を、鞭でたたいて音を鳴らしている様子。

2 次の俳句を読んで、答えましょう。

寒に入る　夜や星空　㋑きらびやか

長谷川　素逝

（令和六年度版　光村図書　国語　六　創造「季節の言葉4　冬のおとずれ」による）

(1) 五・七・五のリズムで読めるように、俳句を／線で区切りましょう。

(2) 俳句の季語（季節を表す言葉）は何ですか。一つに○をつけましょう。

（　）きらびやか　（　）寒に入る　（　）夜

(3) 寒に入る日の夜の、何を見て㋑きらびやかだと言っていますか。

詩「手紙」

名前

手紙

武鹿　悦子

はなびらの手紙も
落葉の手紙も
ⓐおくりとどけたあと
川は
じぶんの果した役割りを
そっとⓘ思いかえしている
粉雪の手紙を
まいにち　まいにち
ⓤ受けとりながら

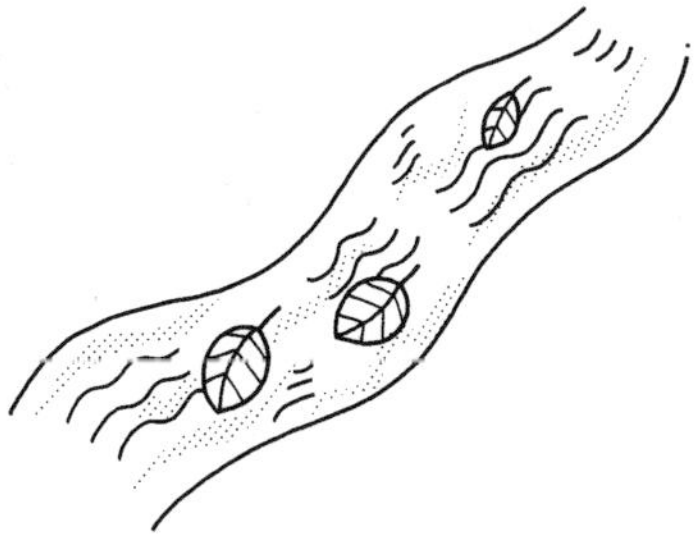

（令和六年度版　東京書籍　新編　新しい国語　六「季節の足音　冬」による）

上の詩を読んで、答えましょう。

(1) ⓐおくりとどけたとありますが、何をおくりとどけたのですか。二つ書きましょう。

① （　　　　）の手紙

② （　　　　）の手紙

(2) ⓐおくりとどけたのは、だれ（何）ですか。

(3) ⓘ思いかえしているとありますが、何を思いかえしているのですか。

じぶんの果した（　　　　）

(4) ⓘ思かえしているのは、だれ（何）ですか。

(5) ⓤ受けとりながらとありますが、何を受けとっていますか。一つに〇をつけましょう。

（　）はなびらの手紙
（　）落葉の手紙
（　）粉雪の手紙

言葉

場面に応じた言葉づかい ①

名前

(1) 次の【 】のような場面では、どちらの言葉づかいがふさわしいですか。当てはまるほうに○をつけましょう。

① 【家族に伝えるとき】

お父さんが、こっちに来てほしいって｛（ ）おっしゃって／（ ）言って｝いたよ。

② 【電話をかけてきた人に伝えるとき】

｛（ ）父／（ ）お父さん｝は、夕方には帰ると｛（ ）申して／（ ）言って｝おりました。

③ 【先生に話しかけるとき】

先生は、何時に｛（ ）いらっしゃいますか／（ ）来ますか｝。

④ 【同級生に話しかけるとき】

昨日の夜ごはんは、何を｛（ ）召し上がった／（ ）食べた｝の。

(2) 次のような場面では、どのような言葉づかいがふさわしいですか。当てはまる言葉を下の［ ］から選んで書きましょう。

① 【先生がしたことを話すとき】

先生から、手紙を（　　　　）。

【友達がしたことを話すとき】

友達から、手紙を（　　　　）。

［ いただいた　もらった ］

② 【家で家族に伝えるとき】

工場の方に話を（　　　　）。

【学級会でクラスのみんなに報告するとき】

工場の方に話を（　　　　）。

［ うかがいました　聞いたよ ］

言葉

場面に応じた言葉づかい②

名前

(1) 【　】の場面について、ふさわしい言葉づかいになるように、上の文と下の文を——線で結びましょう。

① 【荷物を持つのを手伝おうかと、たずねるとき】

（小学一年生に対して）　その荷物、　・　　・持ってあげようか。

（校長先生に対して）　その荷物、　・　　・お持ちしましょうか。

② 【クラブ活動の内容を紹介するとき】

（友達に対して）　クラブ活動の内容を・　　・ご紹介します。

（参観日にみんなの前で）　クラブ活動の内容を・　　・紹介するね。

③ 【道順を教えるとき】

（友達に対して）　道を　・　　・ご案内しましょうか。

（地域の人に対して）　道を　・　　・案内しようか。

(2) 次のような場面では、どちらの言葉づかいがふさわしいですか。当てはまる方に○をつけましょう。

① 【いそがしそうにしている人に何かをたずねるとき】

（　）少しお時間いいですか。これについて教えてもらいたいのですが。

（　）ねえ、これについて教えてくれないかな。

② 【知らない人に道をたずねるとき】

（　）スーパーに行きたいんだけど、どう行けばいいの。

（　）スーパーに行きたいのですが、どう行けばいいですか。

③ 【先生に本を借りるとき】

（　）この本、借りてもいいかな。

（　）この本を、お借りしてもいいですか。

④ 【手紙で卒業生に返事をするとき】

（　）こんにちは。お手紙をいただき、ありがとうございました。

（　）こんにちは。手紙をくれて、ありがとう。

言葉（ことば）

仮名（かな）づかい

名前

(1) 次の言葉をひらがなで書くとき、正しい方に○をつけましょう。

① 地面　（　）じめん　（　）ぢめん

② 身近　（　）みぢか　（　）みじか

③ 手作り　（　）てづくり　（　）てずくり

④ 続く　（　）つずく　（　）つづく

⑤ 布地　（　）ぬのぢ　（　）ぬのじ

⑥ 略図　（　）りゃくづ　（　）りゃくず

(2) 次の文の、――線を引いた漢字の読み方を□に書きましょう。

① 日が暮れたので、家路を急ぐ。　□

② ぶつかって、鼻血が出た。　□

③ 机の上に、地図を広げる。　□

④ 今日の月は、三日月だ。　□

⑤ セーターを洗ったら、縮んでしまった。　□んで

⑥ 卒業の日が、間近にせまってきた。　□

言葉　似た意味の言葉の使い分け

名前

(1) 次の文では、どちらの言葉を使った方がよい印象をあたえますか。当てはまるほうに○をつけましょう。

① お母さんは、古くなったものも捨てない {（　）けちな／（　）ものを大切にする} 性格だ。

② 私は成功するまで、{（　）ねばり強く／（　）しつこく} 何度も練習した。

③ {（　）積極的／（　）でしゃばり} な田中くんは、何度も手をあげて質問した。

④ 小さい子どもたちが遊んでいる声が {（　）うるさい／（　）にぎやかだ}。

⑤ {（　）頑固な／（　）意志が強い} 弟は、マラソンの練習を一日も休まずやりきった。

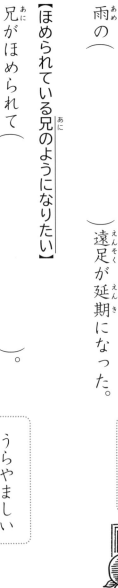

(2) 次の【　】のような気持ちのときには、どちらの言葉を使うとよいですか。当てはまる言葉を下の□から選んで（　）に書きましょう。

① ㋐【遠足が延期になってうれしい】
雨の（　　　）遠足が延期になった。

㋑【遠足が延期になって悲しい】
雨の（　　　）遠足が延期になった。

せいで
おかげで

② ㋐【ほめられている兄のようになりたい】
兄がほめられて（　　　）。

㋑【兄ばかりほめられてくやしい】
兄がほめられて（　　　）。

うらやましい
ねたましい

解答例

※ワークシートと解答例は、学習する児童の実態にあわせて拡大してお使いください。

※児童に取り組ませる前に、必ず先生が問題を解いてください。本書の解答や指導にあたっては、あくまで１つの例です。児童の多様な考えに寄り添って、○つけをお願いします。

6頁

物語　二文の文章を読み取ろう ①

名前

1

季節が春から夏にかわろうとするころ、庭のかたすみに真っ赤な花が、さきました。

その花に、黄色いちょうちょがとんできて、ふわりととまりました。

2

子犬のタスケは、転がったボールをものすごい勢いで追いかけていった。

ボールをくわえたタスケは、大事そうに自分のハウスに持ち帰って、楽しそうに遊び始めた。

1の文章を読んで、答えましょう。

(1) どんな花がさきましたか。

（真っ赤）な花

(2) 花は、どこに咲きましたか。

庭のかたすみ

(3) ちょうちょは、どのようにとまりましたか。

（ふわりと）とまりました。

2の文章を読んで、答えましょう。

(1) タスケは何の名前ですか。

子犬

(2) タスケはどんな様子でボールを追いかけていきましたか。

ものすごい勢い

(3) タスケは、ボールをどこに持ち帰りましたか。

自分の（ハウス）

6

7頁

物語　二文の文章を読み取ろう ②

名前

1

ここなは、小さな窓から入ってくる夕日に照らされた絵を見ていました。

その絵は、ここなが四年生のころにかいたもので、大きな花びんに、花が三本いけてある様子がかかれていました。

2

ふみやは、横向きに寝転んでかべにかかっている時計をじっと見ていました。

秒針が一秒ずつ刻んで進む様子を見ているうちにいつの間にかねむってしまいました。

1の文章を読んで、答えましょう。

(1) 夕日は何を照らしていますか。

絵

(2) その絵は、ここなが何年生のころにかいた絵ですか。

（四年生）のころ

(3) 絵には、どんな様子がかかれていましたか。

（大きな花びん）に、（花）が三本（いけてある）様子

2の文章を読んで、答えましょう。

(1) ふみやはどのように寝転んでいましたか。

（横向き）に寝転んで

(2) ふみやは、何をじっと見ていましたか。

（かべかかっている）時計

(3) ふみやは、いつの間にかどうしてしまいましたか。

ねむってしまいました。

7

8頁

物語　三文の文章を読み取ろう ①

名前

1

わたしのおじいちゃんは、長野県のいなかに一人でくらしています。

おじいちゃんは、野菜作りの名人で、トマト、スイカ、レタスなどを作っています。

わたしが遊びに行くとうれしそうに「おお、よう来たな。」と言って、野菜をどっさり食べさせてくれます。

2

ぼくとナオキは、どちらも鉄道好きだからとても気が合う。

いつもいっしょに近くの線路わきに列車の写真をとりに行く。

列車が近づいてくると「もう少し、近づいてから！」「今だ！チャンス！」と、夢中になって、シャッターをおす。

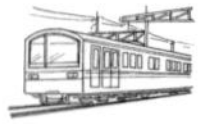

1の文章を読んで、答えましょう。

(1) おじいちゃんは、何人でくらしていますか。

一人

(2) おじいちゃんは、何の名人ですか。

野菜作り

(3) わたしが、遊びに行くと、おじいちゃんは何と言いますか。

おお、よう来たな。

2の文章を読んで、答えましょう。

(1) ぼくとナオキは、なぜ気が合うのですか。

（どちらも鉄道好き）だから。

(2) どこへ列車の写真をとりに行きますか。

近くの線路わき

(3) どんな様子でシャッターをおすのですか。

（夢中になって）シャッターをおす。

8

9頁

物語　三文の文章を読み取ろう ②

名前

1

キンモクセイの花の香りがただようころ、この町が一年の内でいちばんもり上がる神社のお祭りがある。

夕飯をすませると、しゅんやは、芸の練習をしに、集会所へ行く。

しゅんやの役は、おきながまいた種を全部食べてしまい、追い払われる子ざるの役だ。

2

ふみのおばあさんは、木の上の方をじっと見ながら、

「新緑がきれいな季節の葉のかげのことを緑陰と言って、同じ葉のかげでも新緑だから明るいんだよ。」

と教えてくれた。

見上げると、あざやかな緑色の葉に太陽の光が当たって、うすくかげができていた。

ふみは、おばあさんが、新緑のきれいな様子を俳句によもうとしているのだと思った。

1の文章を読んで、答えましょう。

(1) 神社のお祭りは、何の花の香りがただようころにありますか。

キンモクセイ（の花）

(2) しゅんやは何をしに集会所へ行きますか。

芸の練習

(3) しゅんやは、何の役をしていますか。

子ざる

2の文章を読んで、答えましょう。

(1) 緑陰とは何のことですか。

新緑がきれいな季節の（葉のかげ）のこと

(2) どんな色の葉に太陽の光が当たっていますか。

（あざやかな緑色）の葉

(3) ふみは、おばあさんが何をしようとしていると思いましたか。

新緑のきれいな様子を（俳句によもうとしているのだ）と思った。

9

※児童に取り組ませる前に、必ず先生が問題を解いてください。本書の解答や指導にあたっては、あくまで１つの例です。児童の多様な考えに寄り添って、〇つけをお願いします。

※ワークシートと解答例は、学習する児童の実態にあわせて拡大してお使いください。

10 頁

物語 四文の文章を読み取ろう ①

名前

1 木立にかこまれた長い坂道を登り切ると、パッと、目の前が開けた。

2 「わあ、すごい。」明美と京子は、目の前に広がるすばらしい景色に思わず、感動の声をあげた。

3 そこには雪をいただいた北アルプスの山々が連なり、手前には、ふもとの町なみが小さくならんで見えた。

4 二人は、時が過ぎるのも忘れ、無言でこの景色をじっと、ながめていた。

上の1～4の文章を読んで、答えましょう。

1 長い坂道は、何にかこまれていましたか。

木立

2 (1) 登場人物二人の名前を書きましょう。

明美　**京子**　※順不同

(2) なぜ、感動の声をあげたのですか。

（**目の前**）に（**すばらしい景色**）が広がっていたから。

3 雪をいただいていたのは何ですか。

北アルプスの山々

4 二人はこの景色をどのようにながめていましたか。一つに〇をつけましょう。

（　）「すごいね」と言いながら
（〇）無言で、じっと
（　）他の人たちを呼んできて

11 頁

物語 四文の文章を読み取ろう ②

名前

1 父が会社をやめ、瀬戸内の島に帰ってみかん農家を始めたのは、ぼくがまだ三さいのころだったそうだ。

2 そのいちばんの理由は、生まれたころ、体が弱かったぼくに空気がきれいなところで育ってほしいと思ったからだと母から聞いた。

3 そして、父と母も都会での生活につかれていて、静かなところで心豊かに生活したいと考えていたことも大きな理由だ。

4 妹は、この島に来てから生まれて、今はぼくといっしょに島の小学校に通っている。

上の1～4の文章を読んで、答えましょう。

1 (1) 父は、どこに帰ってみかん農家を始めましたか。

瀬戸内の島

(2) 父がみかん農家を始めたのは、ぼくが何さいのころでしたか。

三さい

2 瀬戸内の島に帰ったいちばんの理由は何ですか。

生まれたころ、（**体が弱かった**）ぼくに（**空気**）がきれいなところで育ってほしいと思ったから。

3 父と母は、どうしたいと考えていましたか。

父と母も都会での生活につかれていて、（**静かなところで心豊かに生活したい**）と考えていた。

4 妹は、今は、どこに通っていますか。一つに〇をつけましょう。

（　）島の保育園
（〇）島の小学校
（　）島の中学校

12 頁

物語 五文の文章を読み取ろう ①

名前

1 ボンバは、生まれて八か月の子象で、母さんや群れのなかまとくらしています。

2 かん期になると、象の群れは、食べ物や水場をもとめて草原を移動していきます。

3 おさないボンバにとっては、つらい旅ですが、母さんについて一生けんめい歩きます。

4 旅のとちゅうは、ライオンにねらわれたりケガをしそうになったり、きけんがいっぱいです。

5 でも、㋐そんなときは、いつも母さんが助けてくれたり、群れのなかまが守ってくれたりします。

※かん期（乾期）…一年のうちで、特に雨の少ない時期。

上の1～5の文章を読んで、答えましょう。

1 子象の名前を書きましょう。

ボンバ

2 象の群れは、何をもとめて移動するのですか。

（**食べ物**）や（**水場**）

3 なぜ、ボンバにとってはつらい旅なのですか。一つに〇をつけましょう。

（〇）まだおさないから。
（　）生まれた場所をはなれるから。
（　）なかまがやさしくないから。

4 どんなきけんがありますか。二つ書きましょう。

（**ライオン**）にねらわれる。

（**ケガ**）をしそうになる。

5 ㋐そんなときとはどんなときですか。一つに〇をつけましょう。

（　）おなかがへって動けないとき。
（〇）きけんな目にあったとき。
（　）なかまとケンカをしたとき。

13 頁

物語 五文の文章を読み取ろう ②

名前

1 波がおだやかな海岸沿いを、はるとを乗せた電車が走っている。

2 真っ赤に海を照らしながら、西の水平線にしずんでいく太陽は、はるとには、いつもより大きく見えた。

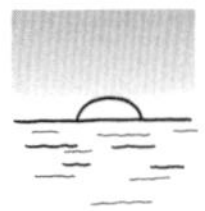

3 一人で電車に乗って祖母の家に向かうのは初めてだった。

4 朝は、きんちょうして、心細かったが、今は、おつかいができたという達成感で、はるとの心は満たされている。

5 はるとが、ひざの上にかかえているかばんの中には、祖母がおみやげに持たせてくれたおかしが入っている。

上の1～5の文章を読んで、答えましょう。

1 はるとを乗せた電車は、どこを走っていますか。

波がおだやかな海岸沿い

2 (1) 一日のうちのいつのことですか。一つに〇をつけましょう。

（　）朝　（　）昼　（〇）夕方

(2) はるとに、いつもより大きく見えたものは何ですか。

西の水平線にしずんでいく（**太陽**）

3 どんなことが㋐初めてでしたか。

（**一人**）で（**電車**）に乗って（**祖母の家**）に向かうこと。

4 (1) はるとは、朝は、どんな気持ちでしたか。文中から書き出しましょう。

きんちょうして、心細かった

(2) ㋑はるとの心は、今は、何で満たされていますか。

（**おつかいができた**）という（**達成感**）。

5 祖母がおみやげに持たせてくれたおかしは、どこに入っていますか。

はるとが、（**ひざの上にかかえている**）かばんの中。

※児童に取り組ませる前に、必ず先生が問題を解いてください。本書の解答や指導にあたっては、あくまで１つの例です。児童の多様な考えに寄り添って、○つけをお願いします。

解答例

※ワークシートと解答例は、学習する児童の実態にあわせて拡大してお使いください。

14頁

説明文（社会）
二文の文章を読み取ろう ①

名前

1

縄文時代、人々は、しかやいのしし、さかなや貝、鳥、木の実などをとってきて食べていました。

たてあな住居に住み、石器や縄文土器を使って生活していました。

2

弥生時代になると、米づくりが広まり、青銅や鉄で作られた道具や武器が使われるようになりました。

しゅうかくした作物や道具などを多く持つ豊かな人と、持っていないまずしい人の差ができてきました。

1 の文章を読んで、答えましょう。

(1) 縄文時代の人々は、何を食べていましたか。六つ書きましょう。

※順不同

いのしし　木の実　貝
さかな　しか　鳥

(2) どんな家に住んでいましたか。

たてあな住居

(3) 使っていた土器に○をつけましょう。

（○）縄文土器
（　）弥生土器

2 の文章を読んで、答えましょう。

(1) 弥生時代になると何が広まりましたか。

米づくり

(2) 何で作られた道具や武器が使われるようになりましたか。

（青銅）や（鉄）

(3) 人々にどんな差ができましたか。

道具などを多く持つ（豊かな）人と、道具などを持っていない（まずしい）人の差。

14

15頁

説明文（理科）
二文の文章を読み取ろう ②

名前

1

植物の種子から芽が出ることを、発芽といいます。

種子が発芽するには、水と空気、そして、発芽に適した温度の㋐三つの条件が必要です。

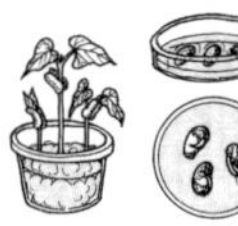

2

インゲンマメの種子には、「子葉」という大きい部分があり、㋑そこは、発芽するとふた葉になるところです。

しかし、この子葉は、発芽するとき、根やくきをのばすための養分をたくわえているところでもあるのです。

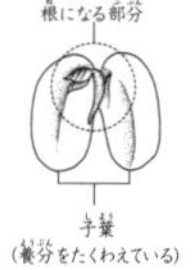

1 の文章を読んで、答えましょう。

(1) この文章では、発芽とは、どんなことだといっていますか。文の中の言葉で答えましょう。

植物の種子から（芽が出ること）

(2) 発芽に必要な㋐三つの条件を書きましょう。

※順不同

① 水
② 空気
③ （発芽）に適した（温度）

2 の文章を読んで、答えましょう。

(1) 何について説明していますか。○をつけましょう。

（　）発芽の条件
（○）子葉の役割

(2) ㋑そことは何（どこ）のことですか。

子葉

(3) インゲンマメの種子の子葉について書きましょう。

子葉は、（発芽）するとき、（根）や（くき）をのばすための（養分）をたくわえているところでもある。

15

16頁

説明文（理科）
二文の文章を読み取ろう ③

名前

1 次の文章は、ある朝の「天気予報」を文章にしたものです。

『昨日、四国地方や近畿地方など、西日本に広く雨をふらせた雲は、今日は東日本へとうつり、関東地方では、昼ごろから雨になるでしょう。

また、西日本では、次第に㋐天気が回復してくる見こみです。』

2

気温とは空気の温度のことですが、地面からの高さによってその温度はちがってきます。

気温を正しく測るには、日光が当たらない風通しのよい場所を選び、地面から一・二メートルから一・五メートルくらいの高さのところに温度計を置いてはかるようにします。

1 の文章を読んで、答えましょう。

(1) この天気予報では、雲の動きをどのように伝えていますか。○をつけましょう。

（　）東日本から西日本へとうつる。

（○）西日本から東日本へとうつる。

(2) 今日の昼ごろからの関東地方の天気に○をつけましょう。

（　）晴れ
（○）雨

(3) ㋐天気が回復してくるとはどんな意味ですか。○をつけましょう。

（○）晴れてくる。

（　）雨がふり出す。

2 の文章を読んで、答えましょう。

(1) 気温とは、何のことですか。

空気の温度のこと

(2) 気温を正しくはかるには、どんな場所に温度計を置くとよいですか。三つ書きましょう。

① 地面から測って一・二メートルから（一・五メートル）くらいの高さのところ
② （日光）が当たらないところ
③ （風通し）のよいところ

16

17頁

説明文（社会）
三文の文章を読み取ろう ①

名前

1

邪馬台国は、中国の歴史書に書かれている国で、卑弥呼という女王が治めていました。

女王が住むところは、宮殿や物見やぐらがあり、まわりを堀と柵でかこまれ、兵士が守っていました。

この国が、どこにあったかは、今も分かっていませんが、九州にあったという説と畿内にあったという説が有力です。

※畿内…大王（天皇）が住む都に近い地域のことで、大和国（奈良県）、山城国（京都府南部）、河内国、和泉国（大阪府）、摂津国（大阪府と兵庫県の一部）の五つの国を指します。

2

古墳は、日本各地につくられた王や豪族の墓です。

古墳には、円墳、方墳、円形と四角形を組み合わせたような形の前方後円墳などさまざまな形があります。

つくられた当時のすがたは、表面にふき石がしきつめられ、たくさんのはにわがならび、内部には、亡くなった人をほうむる石室がありました。

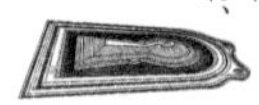

＊「日本」は「にほん」とも読みます。

1 の文章を読んで、答えましょう。（習っていない漢字は、ひらがなで書きましょう。）

(1) 邪馬台国を治めていたのは、男の王ですか、女の王ですか。

女の王（女王）

(2) 女王が住むところにある建物を二つ書きましょう。

※順不同

宮でん　宮殿
物見やぐら

(3) 正しいもの一つに○をつけましょう。

（　）この国は九州にあった。

（　）この国は畿内にあった。

（○）この国がどこにあったかは、今も分かっていない。

2 の文章を読んで、答えましょう。（習っていない漢字は、ひらがなで書きましょう。）

(1) 古墳とは何でしょう。

（王）や豪族の（墓）

(2) 円形と四角形を組み合わせた形の古墳を何といいますか。

前方後円墳
前方後円ふん

(3) つくられた当時、古墳の表面はどうなっていましたか。

（ふき石）がしきつめられ、（たくさんの）（はにわ）がならんでいた。

17

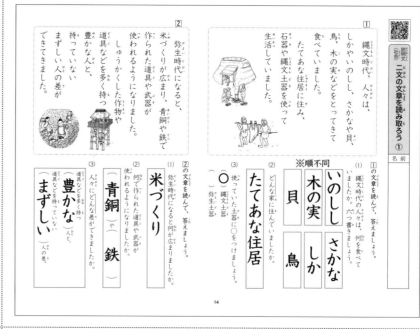

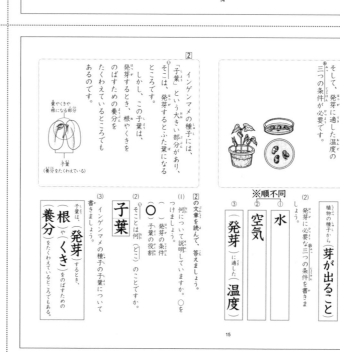

解答例

※ワークシートと解答例は、学習する児童の実態にあわせて拡大してお使いください。

18頁

説明文（理科）

三文の文章を読み取ろう ②

名前

1

春のころの日本の天気は、おおよそ西から東へと移っていきます。

そして、このことをもとにすると、次の日の天気を予想することができます。

つまり、今、住んでいる地方より西の地方の今日の天気を調べると、次の日の天気を予想することができるのです。

＊「日本」は「にほん」とも読みます。

2

「夕焼けは、明日、晴れ」という言い習わしがありますが、これには理由があります。

それは、夕焼けがよく見られるのは、太陽がしずむ西の空が晴れているときだ、ということです。

そして、天気は、西から東へと変わっていくことが多いので、夕焼けのときのように、西の空が晴れていると、その次の日は晴れになることが多いといえるのです。

※言い習わし…昔から言い伝えられてきたことがら、ことば。

1の文章を読んで、答えましょう。

(1) 春のころの日本の天気は、どのように移っていきますか。

おおよそ（西から東へと移っていきます。）

(2) 住んでいる地方より、どの方向の地方の天気を調べると、次の日の天気を予想できますか。○をつけましょう。

（　）東　（○）西　（　）南　（　）北

(3) 何を予想することができますか。

次の日の天気

2の文章を読んで、答えましょう。

(1) 夕焼けがよく見られるのは、どんなときですか。

西の空が晴れているとき

(2) 天気はどのように変わっていくことが多いですか。

天気は、（西から東へと変わっていく）ことが多い。

(3) 夕焼けのときのように、西の空が晴れていると、その次の日はどんな天気になることが多いといえますか。

（晴れ）になることが多い。

19頁

説明文（理科）

三文の文章を読み取ろう ③

名前

1

魚の中でも、特に多くの卵を産むのはマンボウという魚です。

一ぴきのマンボウのめすの体の中には、二、三億個の卵があり、一度に産むのは、そのうちの数千万個くらいといわれています。

しかし、産んだ卵や、卵からかえった子どもは、海の中をただようちに、そのほとんどがほかの魚などに食べられてしまい、大人になるのは、一、二ひきくらいだろうと考えられています。

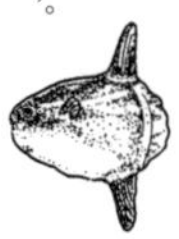

2

「たらこ」や「かずのこ」など、「こ」という言葉のついた食べ物があります。

しかし、これらは、「タラの子ども（稚魚）」や「ニシンの子ども（稚魚）」ではありません。

めすのタラやニシンの体には、何万、何十万という卵が入った、卵巣というところがあり、それらが加工されたものを、「たらこ」や「かずのこ」として食べているのです。

1の文章を読んで、答えましょう。

(1) マンボウの卵の数について答えましょう。

① 一ぴきのマンボウのめすの体の中には、いくつぐらいの卵がありますか。

（二、三億）個

② マンボウが一度に産む卵の数は、そのうちのいくつぐらいですか。

（数千万）個くらい

(2) マンボウが産んだ卵や、卵からかえった子どものうち、大人になれるのは一、二ひきくらいなのはなぜですか。

そのほとんどが（ほかの魚などに食べられてしまうから）

2の文章を読んで、答えましょう。（習っていない漢字は、ひらがなで書きましょう。）

(1) 「こ」という言葉のついた食べ物を、文中の言葉で二つ書きましょう。

※順不同

たらこ　かずのこ

(2) めすのタラやニシンの体にある、たくさん卵が入っているところを何といいますか。

らんそう（卵巣）

(3) 文に当てはまるほうに○をつけましょう。

（○）「たらこ」とは、めすのタラの卵巣を加工したものである。

（　）「かずのこ」はニシンの子ども（稚魚）のことである。

20頁

説明文（理科）

三文の文章を読み取ろう ④

名前

1

モンシロチョウのよう虫は、足は十六本で、羽はなく、キャベツの葉の上でくらしています。

しかし、やがて成虫とよばれる「親」になると、足は六本になり、四枚の羽根であちこちの花の間を飛び回るようになります。

このように、モンシロチョウのよう虫が成虫になると、そのすがた形はまったく別の虫のようになりますが、よう虫から成虫へと体の形を大きくつくり変えている時期が、さなぎのときなのです。

よう虫　さなぎ　成虫（親）

2

夏のはじめの草むらで虫さがしをすると、バッタの形をしているけれど、変わった形のバッタが見つかることがあります。

それは、すがた形はふつうのバッタに見えるけれども、よく見ると体が小さく羽がないバッタです。

実は、それがバッタのよう虫で、バッタのよう虫は、チョウのような青虫ではなく、羽はないけれども、足も六本あり、バッタの成虫と同じようなすがた形をしているのです。

よう虫　よう虫　成虫（親）

1の文章を読んで、答えましょう。

(1) モンシロチョウのよう虫について、数や言葉を書きましょう。

① 足は（十六）本

② 羽は（ない）

③ （キャベツ）の葉の上でくらしている。

(2) モンシロチョウの成虫について、数を書きましょう。

① 足は（六）本

② 羽は（四）枚

(3) 当てはまるものに○をつけましょう。

（　）モンシロチョウのよう虫と成虫は、よくにたすがた形をしている。

（○）モンシロチョウは、さなぎのときに、よう虫から成虫へと、体の形をつくり変える。

2の文章を読んで、答えましょう。

(1) 夏のはじめ、どこで虫さがしをしますか。

草むら

(2) 変わった形のバッタとは、どんなバッタですか。

よく見ると（体が小さく羽がない）バッタ。

(3) 体が小さくて羽がないバッタは、バッタの何ですか。

バッタの　よう虫

(4) 上の文に当てはまるもの一つに○をつけましょう。

（　）バッタのよう虫には、羽がある。

（　）バッタのよう虫は、青虫のすがたをしている。

（○）バッタのよう虫と成虫は、よくにたすがた形をしている。

21頁

説明文（社会）

四文の文章を読み取ろう ①

名前

1

都が平安京に移され平安時代になると、一部の有力な貴族が朝廷の政治を動かすようになりました。

2

その中でも藤原氏は、たくさんの土地を手に入れ、むすめを天皇のきさきにして、藤原道長のころに最も大きな力を持ちました。

3

貴族は、寝殿造りのやしきで暮らし、和歌やけまり、舟遊びなどを楽しみました。

4

かな文字が発明され、「源氏物語」や「枕草子」、大和絵、和歌などに代表される「日本風の文化」が貴族の暮らしの中から生まれました。

上の1～4の文章を読んで、答えましょう。（習っていない漢字は、ひらがなで書きましょう。）

1 平安時代になると、だれが朝廷の政治を動かすようになりましたか。一つに○をつけましょう。

（　）天皇とその一族

（　）力を持つ武士たち

（○）一部の有力な貴族

2 藤原氏は、どのようにして大きな力を持ちましたか。二つ書きましょう。

※順不同

たくさんの土地を手に入れた。

むすめを天皇のきさきにした。

3 貴族は、どんなやしきで暮らしましたか。

しんでん造り（のやしき）寝殿造り

4 (1) 何が発明されましたか。

かな文字

(2) どんな文化が生まれましたか。

（日本風）の文化

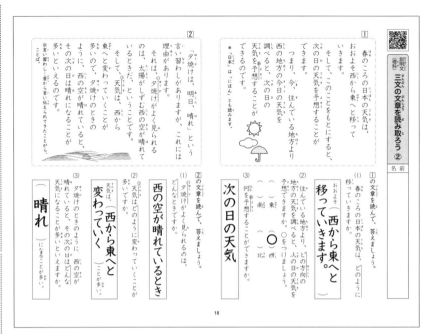

解答例

※ワークシートと解答例は、学習する児童の実態にあわせて拡大してお使いください。

※児童に取り組ませる前に、必ず先生が問題を解いてください。本書の解答や指導にあたっては、あくまで１つの例です。児童の多様な考えに寄り添って、○つけをお願いします。

22頁

説明文（理科）　四文の文章を読み取ろう　②

名前

1　植物が実を結び、種子ができるためには、㋐花のおしべから出る花粉がめしべにつかなければなりません。

2　これを受粉といい、そのやり方は植物によりさまざまです。

3　たとえば、アサガオは、朝、花が開く前におしべが伸び、そのときにおしべの先がめしべの先にふれて花粉がつく、というやり方で受粉しています。

4　つまり、同じ花のおしべとめしべの間で、自然に受粉が行われているのです。

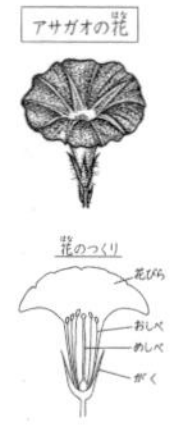

上の1〜4の文章を読んで、答えましょう。

1　何のために、㋐花のおしべから出る花粉がめしべにつかなければならないのですか。

植物が（実）を結び、（種子）ができるため。

2 (1)　花のおしべから出る花粉がめしべにつくことを何といいますか。

受粉

(2)　受粉のやり方について、当てはまる方に○をつけましょう。

（　）どの植物も同じやり方。

（○）植物によってさまざま。

3　アサガオの受粉のやり方について、正しいもの一つに○をつけましょう。

（　）花が開いたあとに、おしべが伸びてめしべに花粉がつく。

（　）花が開くと、別の花の花粉が飛んできてめしべにつく。

（○）花が開く前に、おしべが伸びておしべの花粉がめしべにつく。

4　アサガオの受粉について、書きましょう。

（同じ）花の（おしべ）と（めしべ）の間で、（自然）に受粉が行われている。

22

23頁

説明文（理科）　四文の文章を読み取ろう　③

名前

1　ふつう、一つの花の中には、おしべとめしべの二つがそろっていますが、ヘチマやカボチャは、おしべのある「お花」と、実になっていくめしべだけの「め花」があり、それらは別々にさきます。

2　では、このヘチマやカボチャのようにおしべとめしべがはなれている植物では、お花の花粉は、どのようにしてめしべにつくのでしょうか。

3　それは、チョウやハチなどの虫が、花粉を運んでいるのです。

4　虫たちが、みつ（蜜）をもとめて花の間を飛び回るうちに、お花の花粉が虫の体につき、その花粉がめ花のめしべにも運ばれて受粉し、実ができるのです。

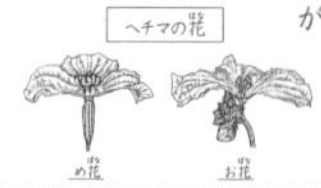

上の1〜4の文章を読んで、答えましょう。

1　ヘチマやカボチャの花について答えましょう。

①　おしべだけがある花を何といいますか。

お花

②　実になっていく、めしべだけがある花を何といいますか。

め花

2　ヘチマやカボチャの花について、当てはまる方に○をつけましょう。

（　）おしべとめしべが、一つの花の中でとなりどうしならんでいる。

（○）おしべとめしべが、べつの花にあって、はなれている。

3　何がおしべの花粉を運んでいるのですか。

（チョウ）や（ハチ）などの（虫）

4　虫たちは、何のために花の間を飛び回るのですか。○をつけましょう。

（○）花のみつをすうため

（　）花の花粉を、めしべに運ぶため

23

24頁

説明文（理科）　四文の文章を読み取ろう　④

名前

1　植物に、実や種子ができるためには、花がさいて、おしべの花粉がめしべにつかなければなりません。

2　しかし、イチゴやメロンなどを温室でさいばいすると、㋐花はさいても実はできません。

3　それは、温室の中にはふつう花粉を運ぶ虫がいないので、花がさいても㋑受粉が行われないからです。

4　そこで農家の人たちは、温室の中に、わざとハチなどの虫を入れて花粉を運ばせ、実ができるようにしているのです。

上の1〜4の文章を読んで、答えましょう。

1　植物に、実や種子ができるためには、花がさいて、何がどうならないといけませんか。

（おしべの花粉）が（めしべ）につかなければなりません。

2　イチゴやメロンをどこでさいばいすると、花はさいても実はできないのですか。

温室

3 (1)　㋐花はさいても実はできませんとありますが、それはなぜですか。（2と3の文章を読んで答えましょう。）

温室の中には、ふつう（花粉）を運ぶ（虫）がいないから。

(2)　㋑受粉とは何がどうなることですか。（1の文章も読んで答えましょう。）

花がさいて（おしべの花粉）が（めしべ）につくこと。

4　温室の中で、イチゴやメロンの実ができるようにするために、農家の人たちは、何をしますか。

（温室）の中に、わざとハチなどの（虫）を入れる。

24

25頁

説明文（理科）　四文の文章を読み取ろう　⑤

名前

1　今から一億年以上も前の地球には、ティラノサウルスなどの恐竜がたくさんくらしていました。

2　しかし、その後六千五百万年前ごろに、地球に大きないん石がしょうとつするというできごとがあり、それがもとになって、ほとんどの恐竜は絶めつしてしまいました。

3　けれども、そのとき生きのびたわずかな恐竜の中には、その後、すがた形を変え、進化して現在の鳥になっていったものがあったと考えられています。

4　つまり、今見られる鳥の先祖は、大昔の一部の恐竜だったともいえ、今の鳥も二本足で足の指が三本であるところや、たまごを産むところなど、恐竜と同じところがあります。

※ぜつめつ（絶滅）…すっかりいなくなり子孫も残らないこと。

※いん石（隕石）…宇宙から、燃え切らずに地球に落ちてくる石や鉄のかたまり。（このときは直径十キロメートルのとても大きないん石だった。しょうとつしたところは、今のメキシコあたり。）

上の1〜4の文章を読んで、答えましょう。

1 (1)　今の地球には恐竜はいますか、いませんか。○をつけましょう。

（　）います　（○）いません

(2)　地球にティラノザウルスなどの恐竜がいたのはいつごろですか。

今から（一億年以上も前）

2　恐竜が絶めつしたのは、①いつごろで、②どんなできごとがあったからですか。

①　いつごろ

（六千五百万年前）ごろ

②　どんなできごと

（地球に大きないん石がしょうとつする）というできごと

3　生きのびたわずかな恐竜の中には、進化して、現在の何になっていったものがあったと考えられていますか。

現在の（鳥）になっていった。

4　今の鳥と恐竜で、同じところを三つ書きましょう。

※順不同

二本足

足の指が三本である

たまごを産む

1〜4の文章全体を読んで、答えましょう。

当てはまるもの二つに、○をつけましょう。

（○）今、地球には、恐竜はいない。

（　）地球には、今も恐竜はいる。

（○）今の鳥と大昔の一部の恐竜の体には同じところがある。

25

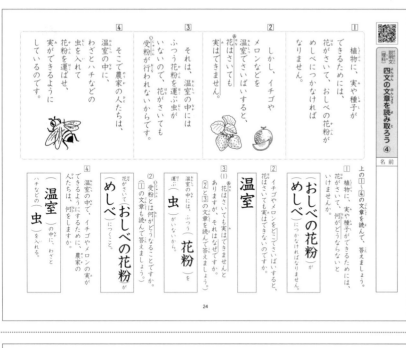

※児童に取り組ませる前に、必ず先生が問題を解いてください。本書の解答や指導にあたっては、あくまで１つの例です。児童の多様な考えに寄り添って、○つけをお願いします。

解答例

※ワークシートと解答例は、学習する児童の実態にあわせて拡大してお使いください。

26頁

説明文（理科）四文の文章を読み取ろう ⑥

名前

1 みなさんの おうちの台所には、㋐料理の材料として、小麦粉や砂糖などとともに、「かたくり粉」もならんでいることでしょう。

2 かたくり粉は、さらさらした白い粉ですが、水でといて温めていくと、とろりとした感じになるので、八宝菜のように、料理に「とろみ」をつけたいときによく使われます。

3 このかたくり粉は、もともとは「カタクリ」というユリのなかまの植物の球根（正しくは地下茎）からとれるでんん粉だったのです。

4 しかし、とれる量が少なく、今ではその代用として、ジャガイモからとったでん粉が「かたくり粉」というよび名で使われています。

※代用…そのものの代わりに用いること。

上の1～4の文章を読んで、答えましょう。

1 ㋐料理の材料を文中からさがして三つ書きましょう。

※順不同

小麦粉

砂糖

かたくり粉

2 (1) かたくり粉は、どんな粉ですか。

（さらさら）した（白い）粉

(2) かたくり粉は、料理に何をつけたいときによく使われますか。

とろみ

3 かたくり粉は、もともとは何という植物からとれるでん粉でしたか。

カタクリ

4 今、「かたくり粉」というよび名で使われているものに、○をつけましょう。

（　）カタクリからとったでん粉

（○）ジャガイモからとったでん粉

26

27頁

説明文（社会）五文の文章を読み取ろう ①

名前

1 鎌倉は、北、東、西の三方を山にかこまれ、南には海が広がっている土地です。

2 平氏をたおした源頼朝は攻められにくく、守りやすいこの地に幕府を開きました。

3 頼朝は、けらいである御家人の領地の所有を認め、てがらをたてれば、ほうびとして新しい領地をあたえました。

4 御家人たちは、頼朝の「御恩」に対し、「奉公」として、戦いが起これば、幕府のために戦いました。

5 朝廷が幕府をたおす命令を出して攻めようとしたときも、御家人たちは、幕府を守って朝廷軍を打ち破りました。

上の1～5の文章を読んで、答えましょう。

1 鎌倉のどの方向に山がありますか。三つに○をつけましょう。

（○）東　（○）西

（　）南　（○）北

2 源頼朝は、なぜ鎌倉に幕府を開いたのですか。

（攻められ）にくく、

（守り）やすいから。

3 頼朝は、御家人がてがらをたてれば、ほうびとして、何をあたえましたか。

新しい領地

4 御家人たちは「奉公」として、どんなことをするのですか。

（幕府）のために

（戦う）こと。

5 朝廷軍が攻めてきたとき、御家人はどうしましたか。一つに○をつけましょう。

（　）朝廷軍といっしょに幕府を攻めた。

（　）朝廷軍と戦わずににげた。

（○）幕府を守って戦った。

27

28頁

説明文（理科）五文の文章を読み取ろう ②

名前

1 イソギンチャクは、海の底の岩などにくっついていて、ほとんど動かない生き物ですが、このイソギンチャクは、動物のなかまなのか、それとも植物のなかまなのか、どちらなのでしょうか。

2 イソギンチャクは、魚やエビ、カニのように泳ぎ回らず、動かないところは海草のなかまのようであり、植物にも見えます。

3 しかし、イソギンチャクがどのようにして養分を手に入れているのかを観察すると、海中の小さな生き物をつかまえて食べていることが分かります。

4 それに、体のつくりを調べると、食べたものを消化するところもあります。

5 このように、ほかの生き物をつかまえて食べ、そこから養分をとり入れているところは魚などと同じ生き方なので、動かなくてもイソギンチャクも動物のなかまだといえるのです。

上の1～5の文章を読んで、答えましょう。

1 イソギンチャクはどんな生き物ですか。

海の底の（岩）などに

（くっついて）いて、

ほとんど（動かない）生き物。

2 イソギンチャクが植物にも見えるのは、なぜですか。

イソギンチャクは、魚やエビ、カニのように

（泳ぎ回らず、動かない）から。

3 イソギンチャクは、どのようにして養分を手に入れていますか。

海中の（小さな生き物）を

とらえて（食べている）。

4 イソギンチャクの体のつくりを調べると、体にはどんなところがありますか。

食べたものを（消化）するところ。

5 当てはまる方に、○をつけましょう。

（○）動かなくても、ほかの生き物をつかまえて食べているものは、動物といえる。

（　）イソギンチャクは、動かないので動物とはいえない。

28

29頁

説明文（理科）五文の文章を読み取ろう ③

名前

1 ガリレオ・ガリレイは約四百年前のイタリアの人で、望遠鏡を使って月や木星を観察したり、太陽の黒点を見つけたりした人ですが、それだけでなく「ふりこのきまり」を見つけたことでも有名な科学者です。

2 「ふりこのきまり」を見つけたきっかけは、ピサの町の教会で、つるされたシャンデリアが右へ左へと、ゆっくりとゆれる様子を見たことでした。

3 時間がたつにつれて、シャンデリアのゆれはばは小さくなっていきますが、ゆれはばが小さくなっても、シャンデリアが一往復する時間は変わっていないように見えたのです。

4 そして、このことを確かめるために、ガリレオは、時計の代わりに自分の脈はくを使って、シャンデリアが一往復する時間を計ってみました。

5 すると、やはり、ゆれるはばが大きいときも、小さいときも一往復する時間は変わらない、ということが確かめられ「ふりこのきまり」として、多くの人に知られるようになったのでした。

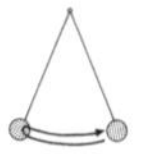

ふりこ

上の1～5の文章を読んで、答えましょう。

1 (1) ガリレオ・ガリレイは、約何年前のどこの人ですか。

約（四百年）前の

（イタリア）の人

(2) ガリレオは、望遠鏡を使って何をしましたか。

① （月）や（木星）を観察した。

② 太陽の（黒点）を見つけた。

2 「ふりこのきまり」を見つけたきっかけは、どこで、何を見たことですか。

① どこで

ピサの町の（教会）

② 何を

（シャンデリア）が

右へ左へとゆっくり

（ゆれる）様子。

3 時間がたつにつれ、シャンデリアのゆれはばはどうなっていきますか。

小さくなっていく

4 ガリレオは何を使って、シャンデリアが一往復する時間を計りましたか。

自分の脈はく

5 どんなことが確かめられましたか。

ゆれるはばが（大きい）ときも、

（小さい）ときも、一往復する

時間は（変わらない）ということ。

29

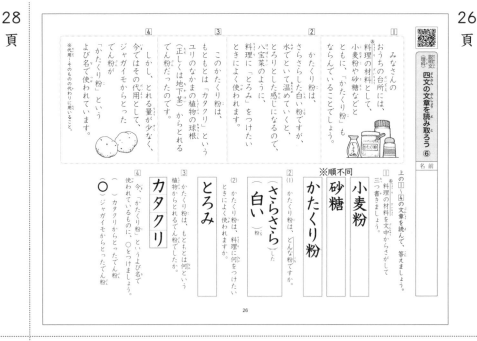

※児童に取り組ませる前に、必ず先生が問題を解いてください。本書の解答や指導にあたっては、あくまで１つの例です。児童の多様な考えに寄り添って、○つけをお願いします。

解答例

※ワークシートと解答例は、学習する児童の実態にあわせて拡大してお使いください。

30頁

説明文（理科）　五文の文章を読み取ろう ④

名前

1 生物は、大きくライオンやイヌ、人などの動物と、マツやタンポポ、イネなどの植物とになかま分けすることができます。

2 では、動物と植物のいちばんのちがいは何でしょうか。

3 それは、動物と植物とでは、動くか動かないかではなく、生きるためや、成長に必要な養分を手に入れる方法がちがっていることです。

4 生きるために必要な養分をほかの生物を食べることによってとり入れ、生きている生き物が動物です。

5 いっぽう、植物は光を浴びることによって、成長に必要な養分を、自分で作り出している生き物なのです。

上の1～5の文章を読んで、答えましょう。

1 次の□の生き物を、動物と植物とに分けて□に書きましょう。

マツ　ライオン　イネ　人　タンポポ　イヌ

※順不同

動物：ライオン　イヌ　人

植物：マツ　タンポポ　イネ

2 どんなことをたずねていますか。文を書き出しましょう。

では、（動物と植物のいちばんのちがい）は何でしょうか。

3 動物と植物のいちばんのちがいは何ですか。（2と3の文章を読んで答えましょう。）

（生きる）ためや、（成長）に必要な（養分）を手に入れる方法がちがっていること

4 動物は、生きるために必要な養分を何をすることによってとり入れていますか。

（他の生物を食べること）によってとり入れている。

5 植物は、光を浴びることによって、何を自分で作り出していますか。

成長に必要な養分

31頁

説明文（理科）　五文の文章を読み取ろう ⑤

名前

1 奈良公園には、約千二百頭のシカがいます。

2 シカの主な食べ物は、奈良公園に生えているシバで、そのほか、わかい木の葉なども首をのばして食べています。

3 また、タンポポやヨモギなど、ふつう道ばたに見られる雑草を、シカの口元に持っていくと、よろこんで食べるので、このような植物も、奈良公園にはほとんど見当たりません。

4 一方、シバの根はかなり強く、シカがその葉をちぎって食べても根は残り、また葉がのびてくるので、食べてもシバだけはなくならないのです。

5 奈良公園は、芝生が広がり、まるでゴルフ場か牧場のようにも見えますが、この景色は、このようにシカによって作られた、ともいえるのです。

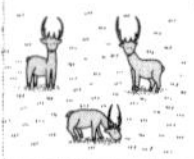

上の1～5の文章を読んで、答えましょう。

1 奈良公園には、シカが約何頭いますか。

（約）千二百頭

2 奈良公園のシカが主に食べているものは、何ですか。

シバ

3 (1) このような植物とは、どんなものですか。○をつけましょう。

（　）わかい木の葉。

（○）タンポポなどの道ばたに見られる雑草。

(2) このような植物が奈良公園に見当たらないのは、なぜですか。

（シカ）が食べてしまうから

4 シバは、シカに食べられても奈良公園からなくなることがないのは、なぜですか。（　）にあてはまるところを文中から書き出しましょう。

シバの（根はかなり強く、シカがその葉をちぎって食べても根は残り、また葉がのびて）くるから

5 シカによって作られたといえるものは、どんなものですか。一つに○をつけましょう。

（　）奈良公園そのもの。

（○）芝生が広がる奈良公園の景色。

（　）奈良公園近くのゴルフ場や牧場。

32頁

説明文（理科）　五文の文章を読み取ろう ⑥

名前

1 芝生が広がる奈良公園を歩いていると、幹に金あみが巻かれている木があることに気がつきます。

2 何のために、木に金あみが巻いてあるのでしょうか。

3 それは、金あみがなければ、奈良公園にいるシカが、木の幹や枝をかじってからしてしまうからなのです。

4 つまり、金あみは、植えた木や残したい木を、シカから守るための一つの方法だったのです。

5 また、シカは、木だけでなくカシやシイなどの木の実であるどんぐりや、芽生えた木も食べてしまうので、そのため、木が育ちにくく、今も芝生が広がる景観が保たれているといえます。

上の1～5の文章を読んで、答えましょう。

1 筆者は奈良公園でどんなことに気がつきましたか。

幹に金あみが巻かれている木があること

2 どんなことをたずねていますか。文を書き出しましょう。

何のために、（木）に（金あみ）が（巻いてある）のでしょうか。

3 金あみがないと、シカは何をしますか。

（木の幹や枝をかじって）からしてしまう。

4 金あみは、何をするための一つの方法だったのですか。

（植えた木）や（残したい木）を、（シカ）から守るための一つの方法。

5 (1) 奈良公園のシカは木だけでなく、どんなものも食べてしまいますか。

カシやシイなどの（木の実）であるどんぐりや、（芽生えた木）も食べてしまう。

(2) 奈良公園では何が育ちにくく、そのため、今も芝生が広がる景観が保たれているのですか。

木

33頁

物語　帰り道 ①

名前

1 今日の昼休み、友達五人でしゃべっているうちに、「どっちが好き。」って話になった。「海と山は。」「夏と冬は。」「ラーメンとカレーは。」「歯ブラシのかたいのとやわらかいのは。」――みんなで順に質問を出し合い、「海。」「海。」「山。」「海。」と、ぽんぽん答えていく。そのテンポに、ぼくだけついていけなかった。

2 ㋐「どっちかなあ。」とか、㋑「どっちもかな。」とか、一人でごにょごにょ言っていたら、周也が急にいらついた目でぼくをにらんだんだ。㋒「どっちも好きってのは、どっちも好きじゃないのと、いっしょじゃないの。」先のとがったするどいものが、みぞおちの辺りにずきっとささった。そんな気がした。そのまま今もささり続けて、歩いても、歩いても、ふり落とせない。

3 返事をしないぼくに白けたのか、周也の口数もしだいに減って、大通りの歩道橋をわたるころには、二人してすっかりだまりこんでいた。階段を上る周也と、ぼくとの間に、きょりが開く。広がる。ここ一年でぐんと高くなった頭の位置。たくましくなった足取り。ぼくより半年早く生まれた周也は、これからもずっと、どんなこともテンポよく乗りこえて、ぐんぐん前へ進んでいくんだろう。

（令和六年度版　光村図書　国語　六　創造　森　絵都）

上の1～3の文章を読んで、答えましょう。

1 (1) 今日の昼休み、友達五人でしゃべっているうちに、どんな話になりましたか。

「（どっちが好き）。」って話。

(2) そのテンポとはどのようなテンポでしたか。

（ぽんぽん）答えていくテンポ。

2 (1) ㋐㋑㋒の三つの言葉の中で、周也が話した言葉はどれですか。一つに○をつけましょう。

㋐（　）　㋑（　）　㋒（○）

(2) そんな気がしたとありますが、ぼくは、どんな気がしましたか。

先のとがった（するどい）ものが、（みぞおち）の辺りにずきっと（ささった）気がした。

3 (1) 大通りの歩道橋をわたるころには、二人して、どうしていましたか。

すっかり（だまりこんで）いた。

(2) ぼくは、周也が、これからもずっと、どのように進んでいくと思っていますか。

どんなことも（テンポよく）乗りこえて、（ぐんぐん）前へ進んでいく。

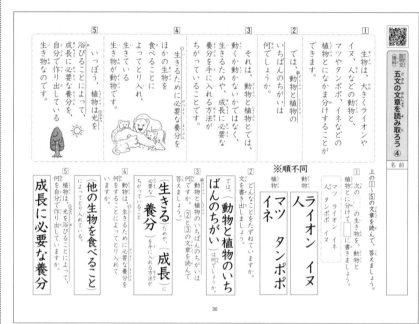

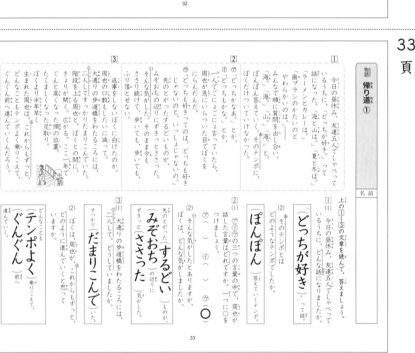

解答例

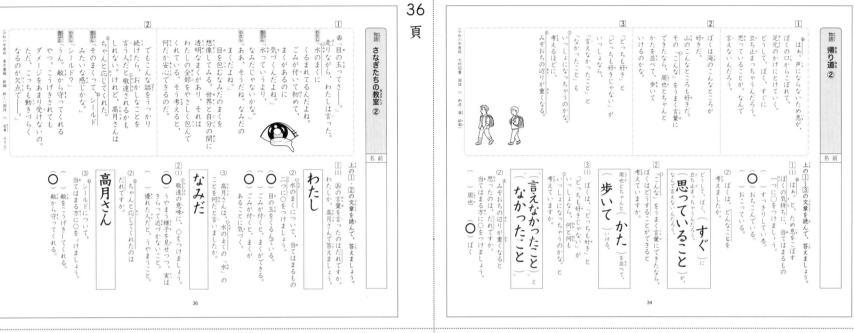

※ワークシートと解答例は、学習する児童の実態にあわせて拡大してお使いください。

※児童に取り組ませる前に、必ず先生が問題を解いてください。本書の解答や指導にあたっては、あくまで１つの例です。児童の多様な考えに寄り添って、○つけをお願いします。

34頁

物語 帰り道 ②

名前

[1]
あはあ。声にならないため息が、
ぼくの口からこぼれて、
足元のかげにとけていく。
どうして、ぼく、すぐに
立ち止まっちゃうんだろう。
思っていることが、なんで
言えないんだろう。

[2]
ぼくは海のこんなところが
好きだ。
山のこんなところも好きだ。
その い「こんな」をうまく言葉に
できたなら、周也とちゃんと
かたを並べて、歩いて
いけるのかな。

[3]
「どっちも好き」と
「どっちも好きじゃない」が
いっしょなら、
「言えなかったこと」と
「なかったこと」も
うっいっしょになっちゃうのかな。
考えるほどに、
えみぞおちの辺りが重くなる。

（令和六年度版 光村図書 国語 六 創造 森 絵都）

上の[1]～[3]の文章を読んで、答えましょう。

[1] (1) あはあ。と、ため息をこぼす
ぼくの気持ちに、当てはまるもの
一つに○をつけましょう。
（　）すっきりしている。
（○）おちこんでいる。
（　）おこっている。

(2) ぼくは、どんなことを
考えましたか。

どうして、ぼく、（**すぐ**）に
立ち止まっちゃうんだろう。
（**思っていること**）が、
なんで言えないんだろう。

[2] い「こんな」をうまく言葉にできたなら、
ぼくはどうすることができると
考えていますか。

周也とちゃんと（**かた**）を並べて、
（**歩いて**）いける。

[3] (1) ぼくは、「どっちも好き」と
「どっちも好きじゃない」が
ういっしょなら、何と何も
いっしょになっちゃうのかな。と
考えていますか。

「（**言えなかったこと**）」と
「（**なかったこと**）」

(2) えみぞおちの辺りが重くなると
思ったのは、だれですか。
当てはまる方に○をつけましょう。
（　）周也
（○）ぼく

34

35頁

物語 さなぎたちの教室 ①

名前

[1]
持久走は、校庭から出発して
裏のトンボ池を回り、また校庭に
もどるコース。なるべく止まらず、
会話ができるペースを保つこと、
あペアを組むのはそのためだという。
高月さんと い並んで
走り始めた。
松田君たちが軽く
ぬき去っていくのを
横目に見ながら、
ゆっくりのペースで走った。
会話をとぎれさせないように
努めた。勉強のこと、テレビのこと、
ペットのこと、でもすぐに何を
話していいのか分からなくなった。

[2]
う頭をめぐらせているとき、
視界の中に小さな黒い物が
見えたので、思わず え口走った。
「目の中に、ごみがある。」
お「目に？　痛い？」
高月さんがあわてて
足を止めようとした。
「ごめん。だいじょうぶだよ。」
あまりに小さいせいか
痛くはなかった。ただ、
まばたきをするたびに か目の中を
するうっと泳ぐように動くのが
不思議だった。

（令和六年度版 東京書籍 新編 新しい国語 六 安東 みきえ）

上の[1]・[2]の文章を読んで、答えましょう。

[1] (1) あペアを組むのは、何のためですか。

なるべく（**止まらず**）、
（**会話**）ができるペースを保つため。

(2) だれと い並んで走り始めましたか。

高月さん

[2] (1) う頭をめぐらせるとはどんな
意味ですか。○をつけましょう。
（　）頭をゆっくりふっている。
（○）いろいろ考えている。

(2) わたしは何と え口走ったのですか。

目の中に、ごみがある。

(3) おの言葉を言ったのはだれですか。

高月さん

(4) か目の中をするうっと泳ぐように動く
ものは何ですか。○をつけましょう。
（　）走っているときに見える景色。
（○）目の中のごみ。

35

36頁

物語 さなぎたちの教室 ②

名前

[1]
あ「目の玉ってさ──。」
走りながら、わたしは言った。
わたし「い水のまくに
くるまれてるんだよね。
ごみが付いて初めて、
まくがあるのに
気づくんだよね。」
高月さん「水っていうより、
なみだじゃないかな。」
わたし「ああ、そうだね。なみだの
まくだよね。」
目を包むなみだのまくを
想像してみる。世界と自分の間に
透明なまくがあり、それは
わたしの全部をやさしく包んで
くれている。そう考えると、
何だか安心できるのだ。

[2]
でもこんな話をうっかり
続けたら、おかしなことを
言う人だと う敬遠されるかも
しれない。けれど、高月さんは
えちゃんと応じてくれた。
高月さん「そのまくって、おシールド
みたいな感じかな。」
わたし「シールド？」
高月さん「うん。敵から守ってくれる
やつ。こうげきされても
ダメージをあまり受けないの。
ただ、こっちも動きづらく
なるのが欠点で──。」

（令和六年度版 東京書籍 新編 新しい国語 六 安東 みきえ）

上の[1]・[2]の文章を読んで、答えましょう。

[1] (1) あの言葉を言ったのはだれですか。
わたしか、高月さんで答えましょう。

わたし

(2) い水のまくについて、当てはまるもの
二つに○をつけましょう。
（○）目の玉をくるんでいる。
（　）ごみが付くと、まくができる。
（○）ごみが付くと、まくが
あることに気づく。

(3) 高月さんは、い水のまくの「水」の
ことを何だと言いましたか。

なみだ

[2] (1) う敬遠の意味に、○をつけましょう。
（○）うやまう様子を見せつつ、実は
きらって近づかないこと。
（　）優れた人だと、うやまうこと。

(2) えちゃんと応じてくれたのは
だれですか。

高月さん

(3) おシールドについて、
当てはまる方に○をつけましょう。
（　）敵をこうげきしてくれる。
（○）敵から守ってくれる。

36

37頁

物語 さなぎたちの教室 ③

名前

[1]
話のとちゅうで、
はっとしたように顔を向けた。
あ「何か、わたし、変なこと
言っちゃってる？」
ちっとも変じゃないよ。
高月さんの意外な面を知った
感じでうれしいよ。それに、
ほんの少し分かり合えた
気がするし。
そう い伝えたいけれど、
すでに う息が上がってきていた。
わたしは首をふるのが
やっとだった。

[2]
池のあたりで高月さんは言った。
「ねえ、谷さん、昇降口でのこと、
覚えてるかな？ほら、三年生の
とき、わたしが前にかがんで
えランドセルの中身を
ぶちまけちゃったこと。」
三年生なんて、ずいぶん前の
ことだ。
「ちこくしそうでみんな
行っちゃったのに、
谷さんだけは
お拾ってくれたんだよ。
か助けてくれたんだよ。
わたし、ずっと
き覚えてた。」

（令和六年度版 東京書籍 新編 新しい国語 六 安東 みきえ）

上の[1]・[2]の文章を読んで、答えましょう。

[1] (1) あの言葉は、だれが言った言葉ですか。
わたしか、高月さんで答えましょう。

高月さん

(2) わたしは、何を い伝えたいのですか。
二つに○をつけましょう。
（○）高月さんの意外な面を知った
感じでうれしい。
（　）高月さんの名前が分かってうれしい。
（○）少し分かり合えた気がする。

(3) う息が上がってきて、わたしは何を
ふるのがやっとだったのですか。

首

[2] (1) 三年生のとき、昇降口でランドセルの
え中身をぶちまけたのはだれですか。
谷さんか高月さんで答えましょう。

高月さん

(2) お拾ってくれたのはだれですか。
（　）みんな。
（○）谷さんだけ。

(3) だれが、だれを か助けたのですか。
谷さんと高月さんで答えましょう。

（**谷さん**）が
（**高月さん**）を助けた。

(4) き覚えてたのはだれですか。
谷さんか高月さんで答えましょう。

高月さん

37

解答例

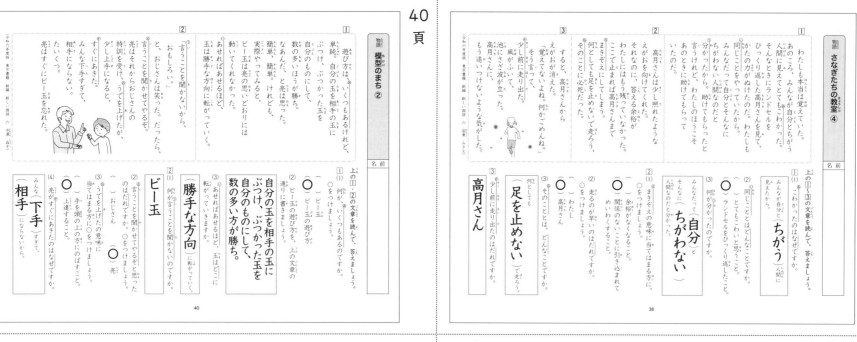

※ワークシートと解答例は、学習する児童の実態にあわせて拡大してお使いください。

38頁

物語　さなぎたちの教室　④

名前

1
わたしも本当は覚えていた。

あのころ、みんなが自分とちがう人間に見えてとてもこわかった。

そんなときにランドセルをひっくり返した高月さんを見て、かたの力がぬけたのだ。わたしも同じことをやっていたから。

みんなだって自分とそんなにちがわない人間なのだと分かったから。助けてもらったと言うけれど、わたしのほうこそあのときに助けてもらっていたのだ。

2
高月さんは少し照れたようなえがおを向けてくれた。
それなのに、答える余裕がわたしにはもう残っていなかった。ここで止まれば高月さんまでまきぞえにしてしまう。何としても足を止めないで走ろう、そのことに必死だった。

3
すると、高月さんからえがおが消えた。
「覚えてないよね。何かごめんね。」
そう言って、少し前に走り出た。
風がふいて、池にさざ波が立った。
高月さんに、もう追いつけないような気がした。

（令和六年度版　東京書籍　新編　新しい国語　六　安東　みきえ）

上の1〜3の文章を読んで、答えましょう。

1
(1) こわかったのはなぜですか。
みんなが自分と（ちがう）人間に見えたから。

(2) 同じこととはどんなことですか。
（　）とてもこわいと思うこと。

（○）ランドセルをひっくり返したこと。

(3) 何が分かったのですか。
みんなだって（自分）とそんなに（ちがわない）人間なのだと分かった。

2
(1) まきぞえの意味に当てはまる方に、○をつけましょう。
（　）余裕がなくなること。

（○）関係のないことに引き込まれてめいわくすること。

(2) 走るのが早いのはだれですか。○をつけましょう。
（　）わたし
（○）高月さん

(3) そのこととは、どんなことですか。
何としても（足を止めない）て走ろう。

3
少し前に走り出たのはだれですか。
高月さん

38

39頁

物語　模型のまち　①

名前

1
ポケットの中に、ビー玉が五つ。

亮はときどきそれにさわる。

ビー玉は転がると、閉じこめられた色のかけらが代わる代わる現れて、あっという間に差しこむ光にとけていく。

いま、むかし、いま、むかし。

亮の手の中で、玉がふれ合い、カチカチ小さな音がする。

そのたびに亮は、あのまちを思い出す。

2
亮が初めてビー玉と出会ったのは、放課後の学童クラブ。

指導員のおじさんが、遊び方を教えてくれた。

ビー玉は、模様も大きさもいろいろ。青みがかった透明の玉、大理石みたいな白っぽい玉、赤や黄色のしま模様、閉じこめられたあわが光る玉……。

亮の目は、小さなガラス玉に吸い寄せられた。

（令和六年度版　東京書籍　新編　新しい国語　六　中澤　晶子）

上の1・2の文章を読んで、答えましょう。

1
(1) それとは何のことですか。
ビー玉

(2) 閉じ込められた色のかけらは、どんな様子ですか。
（代わる代わる）現れて、あっという間に差しこむ（光）にとけていく。

(3) 亮は、何を思い出すのですか。
あのまち

2
(1) 亮が初めてビー玉と出会ったのは、どこですか。
放課後の（学童クラブ）

(2) 指導員のおじさんは、何の遊び方を教えてくれたのですか。
ビー玉

(3) どんなビー玉がありましたか。二つに○をつけましょう。
（○）大理石みたいな白っぽい玉。

（　）あざやかな緑色の玉。

（○）閉じこめられたあわが光る玉。

(4) 亮の目は、何に吸い寄せられましたか。
小さなガラス玉

39

40頁

物語　模型のまち　②

名前

1
遊び方は、いくつもあるけれど、単純。自分の玉を相手の玉にぶつけ、ぶつかった玉を自分のものにして、数の多いほうが勝ち。

なあんだ、と亮は思った。

簡単、簡単。けれども、実際やってみると、ビー玉は亮の思いどおりには動いてくれなかった。

あせればあせるほど、玉は勝手な方向に転がっていく。

2
「言うことを聞かないから、おもしろい。」

と、おじさんは笑った。だったら、言うことを聞かせてやるぞ。

亮はそれからおじさんの特訓を受け、うでを上げたが、少し上手になると、すぐにあきた。

みんな下手すぎて、相手にならない。たいくつ。

亮はすぐにビー玉を忘れた。

（令和六年度版　東京書籍　新編　新しい国語　六　中澤　晶子）

上の1・2の文章を読んで、答えましょう。

1
(1) 何が、いくつもあるのですか。○をつけましょう。
（　）ビー玉
（○）ビー玉の遊び方

(2) ビー玉の遊び方を、上の文章の通りに書きましょう。
自分の玉を相手の玉にぶつけ、ぶつかった玉を自分のものにして、数の多い方が勝ち。

(3) あせればあせるほど、玉はどこに転がっていきますか。
（勝手な方向）に転がっていく。

2
(1) 何が言うことを聞かないのですか。
ビー玉

(2) 言うことを聞かせてやるぞと思ったのはだれですか。○をつけましょう。
（　）おじさん　（○）亮

(3) うでを上げたの意味に当てはまる方に○をつけましょう。
（　）手を頭の上の方にのばすこと。

（○）上達すること。

(4) 亮がすぐにあきたのはなぜですか。
みんな（下手）すぎて、（相手）にならないから。

40

41頁

物語　模型のまち　③

名前

1
亮は六年生の春、支店長になって大張りきりで転勤する母さんといっしょに、ひろしまに来た。

亮にとって転校は、生まれて初めての大冒険だった。

降りたことのない駅、見たことのない景色。

新しい学校、知らない顔のクラスメイトと先生……。

2
ここは、河口にひらけたデルタのまちだ。市内を流れる六本の川には、潮が満ちると海の魚もやってくる。晴れた日、川の上の広々とした青空は、まちを明るく見せながら、雲の切れはしをただよわせ、海へと広がっていた。

3
風通しがよくて、確かにきれい。
でも、何だかつまんない。
それが亮の受けた、まちの第一印象だった。
母さんにそのことを言うと、
「昔のものが全部焼けて、一から新しく作ったまちだから、しかたないでしょ。」
と、わかったような、よくわからない答えが返ってきた。

（令和六年度版　東京書籍　新編　新しい国語　六　中澤　晶子）

上の1〜3の文章を読んで、答えましょう。（習っていない漢字は、ひらがなで書きましょう。）

1
(1) 亮は母さんといっしょにどこに来ましたか。
ひろしま

(2) 亮にとって、転校は、どんなことでしたか。
生まれて初めての（大ぼう険／大冒険）。

2
(1) ここ（ひろしま）は、どんなまちですか。
（河口）にひらけた（デルタ）のまち。

(2) 川には、潮が満ちると、何がやってきますか。
海の魚

3
(1) 亮の受けた、まちの第一印象を、書きましょう。
（風通し）がよくて、確かに（きれい）。でも、何だか（つまんない）。

(2) 母さんは、どんなまちだからしかたない、と答えましたか。
（昔）のものが全部（焼けて）、一から（新しく作った）まちだから、しかたない。

(3) よくわからない答えだと思ったのはだれですか。
（　）母さん　（○）亮

41

解答例

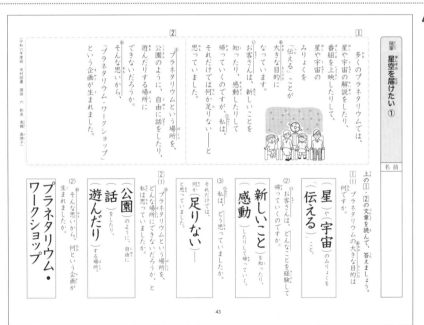

※ワークシートと解答例は、学習する児童の実態にあわせて拡大してお使いください。

※児童に取り組ませる前に、必ず先生が問題を解いてください。本書の解答や指導にあたっては、あくまで１つの例です。児童の多様な考えに寄り添って、○つけをお願いします。

42頁

物語　**模型のまち ④**

名前

1

このまちは、八十年ぐらい前、原子爆弾で何もかも焼きつくされた。今のまちに、当時を物語るものはほとんど残っていない。世界遺産の原爆ドームぐらいは、さすがに亮でも知っていたが、それも自分には関係のない、こわれかけた昔の建物にすぎなかった。

2

どんなまちだろうと、転校生にとっては全てが一からだ。昔の出来事より、新しい学校生活。亮の頭の中はそれでいっぱいだったから、原爆ドームを見たときも、「ふうん。」で終わり。

ドームの周辺にはさくがめぐらされ、そこだけ時間が止まったようで、きみょうな感じ。それでも、鉄骨がむき出しになった丸い屋根やくずれたれんがのかべを見ていると、亮の胸は、少しだけ、ざわざわした。

（令和六年度版　東京書籍　新編　新しい国語　六　中澤　晶子）

上の1・2の文章を読んで、答えましょう。（習っていない漢字は、ひらがなで書きましょう。）

1 (1) このまち（ひろしま）は、八十年ぐらい前、どんなことがありましたか。

（**原子ばくだん**／**原子爆弾**）で何もかも（**焼きつくされた**）。

(2) 今のまちに、何がほとんど残っていないのですか。

当時を物語るもの

2 (1) 亮の頭の中は、何でいっぱいだったのですか。○をつけましょう。

（　）昔の出来事

（**○**）新しい学校生活

(2) ドームの周辺にはさくがめぐらされ、そこだけどのような感じだと、亮は思っていますか。

そこだけ（**時間**）が（**止まった**）ようで（**きみょう**）な感じ。

(3) 何を見ていると、亮の胸が、少しだけ、ざわざわしたのですか。二つ書きましょう。

① 鉄骨が（**むき出し**）になった丸い屋根。

② （**くずれた**）れんがのかべ。

43頁

随筆　**星空を届けたい ①**

名前

1

多くのプラネタリウムでは、星や宇宙の解説をしたり、番組を上映したりして、星や宇宙のみりょくを「伝える」ことが大きな目的になっています。

お客さんは、新しいことを知ったり、感動したりして帰っていくのですが、私は、それだけでは何か足りない――と思っていました。

2

プラネタリウムという場所を、公園のように、自由に話をしたり、遊んだりする場所にできないだろうか。

そんな思いから、「プラネタリウム・ワークショップ」という企画が生まれました。

（令和六年度版　光村図書　国語　六　創造　高橋　真理子）

上の1・2の文章を読んで、答えましょう。

1 (1) プラネタリウムの大きな目的は何ですか。

「（**星**）や（**宇宙**）のみりょくを（**伝える**）」こと。

(2) お客さんは、どんなことを経験して帰っていくのですか。

（**新しいこと**）を知ったり、（**感動**）したりして帰っていく。

(3) 私は、どう思っていましたか。

それだけでは、何か（**足りない**）――と思っていました。

2 (1) プラネタリウムという場所を、どんな場所にできないだろうか、と私は思っていましたか。

（**公園**）のように、自由に（**話**）をしたり、（**遊んだり**）する場所。

(2) そんな思いから、何という企画が生まれましたか。

プラネタリウム・ワークショップ

44頁

随筆　**星空を届けたい ②**

名前

1

プラネタリウムに集まった人で、星空の下で俳句を作ったり、音楽をかなでたり、それぞれの人の特別な日の夜空をプラネタリウムで再現しながら、その思い出を語ったりするのです。

2

やがて、ワークショップの参加者が中心になって、「星の語り部」という集まりができました。プラネタリウムを使って行うクラブ活動です。最初は五人でしたが、どんどん仲間が増えて、やがて四十人ぐらいになりました。年齢も、上は七十さいから下は小学生まで、言葉どおりの老若男女。

3

「星の語り部」の活動で、プラネタリウムで上映する番組を手作りしたこともありました。みんなでストーリーを考え、ナレーションをして、音楽を作り、歌を歌い、絵をかき、写真を集めるなど、一つの作品を大勢で作ることは大変でしたが、楽しい時間になりました。

（令和六年度版　光村図書　国語　六　創造　高橋　真理子）

上の1〜3の文章を読んで、答えましょう。

1 プラネタリウムに集まった人はどんなことをするのですか。

（**星空**）の下で（**俳句**）を作ったり、（**音楽**）をかなでたり、それぞれの人の特別な日の夜空をプラネタリウムで再現しながらその（**思い出**）を語ったりする。

2 (1) 「星の語り部」という集まりは、何を使って行うクラブ活動ですか。

（**プラネタリウム**）を使って行うクラブ活動。

(2) どんな年齢の人がいますか。

上は（**七十**）さいから下は（**小学生**）まで。

3 プラネタリウムで上映する番組を手作りしたとき、みんなでどんなことをしましたか。

みんなで（**ストーリー**）を考え、ナレーションをして、（**音楽**）を作り、（**歌**）を歌い、（**絵**）をかき、写真を集めた。

45頁

随筆　**星空を届けたい ③**

名前

1

あるとき、「星の語り部」のメンバーの一人が、「目が見えない人にも、プラネタリウムを体験してもらいたいね。」と言いました。すると、別のメンバーが、「私の友達に、目が見えない人がいるんです。今度、さそってみます。」と言って、市瀬さんという男性を連れてきてくれました。

市瀬さんは、生まれたときから目が見えない人はいなかった。」と言って、星について初めて知ることを喜んでいました。

2

目が見えない人たちは、自分の身の回りにあるものをさわることで、そこに何があるかを知っていきます。耳が聞こえれば、耳からの情報もとても重要です。しかし、星や空は、どんなにがんばっても手でふれることはできず、音を出すものでもありません。だから、空に星があるということを、目が見えない人が知るのは、とても難しいのです。

だからこそ、なんとか工夫をして、目が見えない人たちにも星空や宇宙のことを感じてもらいたい、と思うようになりました。

でも、どうすればよいのでしょう。

（令和六年度版　光村図書　国語　六　創造　高橋　真理子）

上の1・2の文章を読んで、答えましょう。

1 (1) 「星の語り部」のメンバーの一人が何と言いましたか。

「（**目が見えない**）人にも、（**プラネタリウム**）を体験してもらいたいね。」

(2) 市瀬さんについて、当てはまるほうに○をつけましょう。

（　）生まれたときは目が見えた。

（**○**）生まれたときから目が見えない。

2 (1) 目が見えない人たちは、そこに何があるかを、どうやって知ることができますか。二つ書きましょう。

① 自分の身の回りにあるものを（**さわる**）ことで、知る。

② 耳が聞こえれば、（**耳**）からの情報で知る。

(2) 星や空は、どんなものといっていますか。

どんなにがんばっても（**手**）でふれることはできず、（**音**）を出すものでもありません。

(3) どんなことが、とても難しいのですか。

空に（**星**）があるということを、（**目が見えない**）人が知ること。

※児童に取り組ませる前に、必ず先生が問題を解いてください。本書の解答や指導にあたっては、あくまで１つの例です。児童の多様な考えに寄り添って、○つけをお願いします。

解答例

※ワークシートと解答例は、学習する児童の実態にあわせて拡大してお使いください。

46頁

随筆　ユニバーサルデザイン×天文教育 ①

名前

1　㋐ユニバーサルデザインとは、「障害の有無や年齢、性別、国のちがいなどにかかわらず、なるべくたくさんの人たちが利用したり、楽しんだりできるようなサービスやもの、環境をデザインする。」という考え方のことです。

2　星や宇宙のことを伝える㋑活動をしている人たちの中にも、目が見えない人や耳が聞こえない人、車いすに乗った人とも、㋒いっしょに星や宇宙を楽しむ方法を作ろうという動きがあります。

3　例えば、指でさわれば星座が分かるようにした、㋓とつ点のある星座早見盤や、点字や音声がセットになった宇宙の本などがあります。

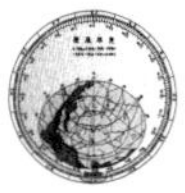

（令和六年度版　光村図書　国語　六　創造　高橋　真理子）

上の1～3の文章を読んで、答えましょう。

1　㋐ユニバーサルデザインとは、どんな考え方のことですか。

「障害の有無や年齢、（性別）、（国）のちがいなどにかかわらず、なるべく（たくさん）の人たちが利用したり、楽しんだりできるような（サービス）や（もの）、環境をデザインする。」という考え方のこと。

2 (1)　㋑活動とは、どんな活動ですか。

（星）や（宇宙）のことを伝える活動。

(2)　㋒いっしょに星や宇宙を楽しむとありますが、どんな人といっしょに楽しむのですか。三つ書きましょう。

※順不同

①（目が見えない）人。

②（耳が聞こえない）人。

③（車いすに乗った）人。

3　㋓とつ点のある星座早見盤は、指でさわれば何が分かるようにしてありますか。

星座

46

47頁

随筆　ユニバーサルデザイン×天文教育 ②

名前

1　また、最近は、㋐3Dプリンターの発達で、さわれる大型望遠鏡の模型を作ることも可能になりました。

2　耳が聞こえない人たちの言葉である㋑手話は、天文関係の言葉を表せるものが少なく、それらを作ろうという㋒動き、さらには、天文関係の言葉を集めて、世界共通で使える新しい手話を作ろうという㋓動きもあります。

（令和六年度版　光村図書　国語　六　創造　高橋　真理子）

上の1・2の文章を読んで、答えましょう。

1　㋐3Dプリンターの発達で、何を作ることが可能になりましたか。

（さわれる）大型望遠鏡の（模型）。

2 (1)　㋑手話は、どんな人たちの言葉ですか。

耳が（聞こえない）人たちの言葉。

(2)　手話に関して、㋒㋓の二つの動きがあります。（　）に言葉を書きましょう。

㋒　手話は、（天文）関係の言葉を表せるものが（少なく）、それらを作ろうという動き。

㋓　天文関係の言葉を集めて、（世界共通）で使える新しい（手話）を作ろうという動き。

47

48頁

随筆　ユニバーサルデザイン×天文教育 ③

名前

1　㋐実際の星空を楽しむ観望会では、望遠鏡をのぞくことが多いのですが、車いすやストレッチャーに乗っている人には、㋑とても難しいことです。

2　そこで、「㋒光ファイバー」を使い、のぞき窓であるレンズを車いすに乗っている人たちの目まで延ばせるように工夫したものも作られました。

とはいえ、まだ実験段階のものが多く、㋓大勢の人たちが使えるようになるには、いろんな工夫や改良が必要です。

ストレッチャー

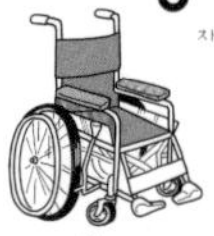

車いす

（令和六年度版　光村図書　国語　六　創造　高橋　真理子）

上の1・2の文章を読んで、答えましょう。

1 (1)　㋐実際の星空を楽しむ観望会では、何をすることが多いのですか。

（望遠鏡）をのぞくこと。

(2)　望遠鏡をのぞくことは、㋑とても難しいことなのですか。どんな人には、

（車いす）や（ストレッチャー）に乗っている人。

2 (1)　㋒光ファイバーを使って、どんな工夫をしたものが作られましたか。

のぞき窓である（レンズ）を車いすにのっている人たちの（目）まで（延ばせる）ように工夫したもの。

(2)　望遠鏡を、㋓大勢の人たちが使えるようになるには、何が必要ですか。

いろんな（工夫）や（改良）が必要。

48

49頁

随筆　考えることとなやむこと

名前

1　あなたはどうだろう。自分の夢や生き方、友達との関係や勉強のことなどについて、考えているだろうか。[あ]、なやんでいるだろうか。

㋑この二つを区別するいちばん簡単な方法は、箇条書きにしてみることだ。

2　例えば、あなたが来週、大勢の前で何かの発表をするとする。㋒なやんでいると、「うまくいくかな。」「失敗したくないな。」「どきどきする。」という思いしか生まれてこない。でも、考えていると、「一　どんな話し方をしたら聞き取りやすいか。」「二　いちばん伝えたいことは何か。」と書き出すことができる。そうすると、あなたがやるべきことがはっきりしてくるのだ。

3　あなたが今、何かに迷っていたり困っていたりするのなら、㋓何が問題なのかを、箇条書きにしてみよう。それが、「考えることとなやむことを区別する」ということだ。そうすれば、問題を解決するためにやるべきことが、㋔はっきりと見えてくる。

（令和六年度版　光村図書　国語　六　創造　鴻上　尚史）

上の1～3の文章を読んで、答えましょう。

1 (1)　[あ]に当てはまる言葉に、○をつけましょう。

（　）けれども

（○）それとも

(2)　㋑この二つとは何と何ですか。

※順不同

①（考える）こと。

②（なやむ）こと。

2　大勢の前で発表をするとき、㋒なやんでいると、どんな思いしか生まれてこないのですか。

「（うまくいくかな）。」

「（失敗）したくないな。」

「（どきどき）する。」という思いしか生まれてこない。

3 (1)　㋓何を、箇条書きにしてみようと書いてありますか。

何が（問題）なのかを箇条書きにしてみよう。

(2)　どんなことが㋔はっきりと見えてくるのですか。

問題を（解決）するために（やるべき）こと。

49

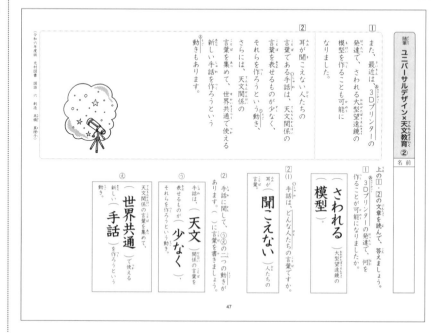

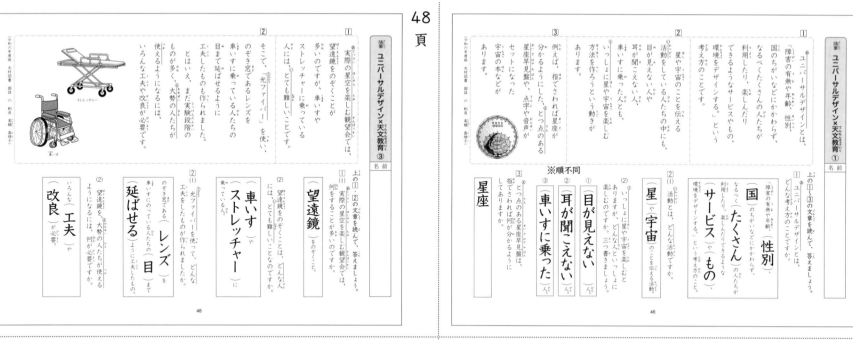

解答例

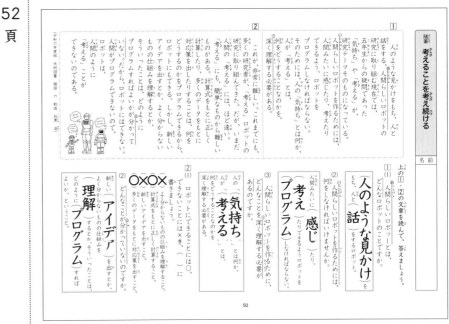

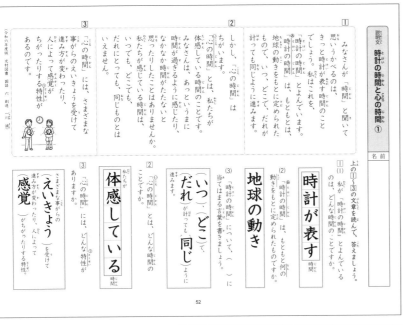

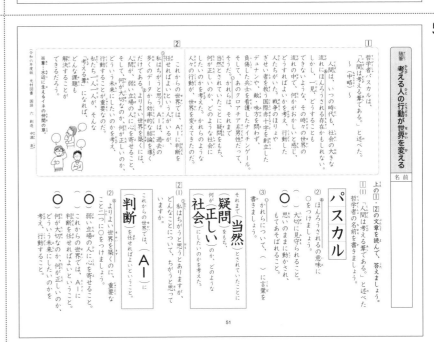

※ワークシートと解答例は、学習する児童の実態にあわせて拡大してお使いください。

※児童に取り組ませる前に、必ず先生が問題を解いてください。本書の解答や指導にあたっては、あくまで１つの例です。児童の多様な考えに寄り添って、〇つけをお願いします。

50頁

随筆　考えることを考え続ける

名前

1 人のような見かけをもち、人と話をする、(あ)人間らしいロボットの研究に取り組む現在では、五年生からの疑問であった「気持ち」や「考える」が、研究テーマそのものになっている。

(い)人間らしいロボットを作るためには、人間みたいに感じたり、考えたりできるよう、ロボットをプログラムしなければならない。そのためには、人の「気持ち」とは何か、人が「考える」とは、(う)何をどうすることなのかを、深く理解する必要がある。

2 これが、非常に難しい。これまでにも、多くの研究者が、「考える」ロボットの研究に取り組んできた。だが、いまだ人間の「考える」には、ほど遠い。「考える」にも、簡単なものから難しいものがある。計算式をもとに正しく計算したり、多くのデータをもとに対応策を出したりすることは、何をどうするのかをプログラムできるから、ロボットにもできる。しかし、新しいアイデアを出すとか、よく分からないものの仕組みを理解するとか、そういったことは、どのようにプログラムすればよいかが(え)分かっていない。だから、ロボットにはできない。人間がプログラムできないので、ロボットは、人間のように「考える」ことができないのである。

（令和六年度版　光村図書　国語　六　創造　石黒　浩）

上の1・2の文章を読んで、答えましょう。

1 (1) (あ)人間らしいロボットとは、どんなロボットのことですか。

（**人のような見かけ**）をもち、人と（**話**）をするロボット。

(2) (い)人間らしいロボットを作るためには、何をしなければいけませんか。

人間みたいに（**感じ**）たり、（**考え**）たりできるようロボットを（**プログラム**）しなければならない。

(3) 人間らしいロボットを作るために、どんなことを(う)深く理解する必要があるのですか。

人の「（**気持ち**）」とは何か、人が「（**考える**）」とは、何をどうすることなのかを深く理解する必要がある。

2 (1) ロボットにできることには〇、できないことには×を、（　）に書きましょう。

（〇）計算式をもとに正しく計算すること。

（×）よく分からないものの仕組みを理解すること。

（〇）多くのデータをもとに対応策を出すこと。

（×）新しいアイデアを出すこと。

(2) どんなことが(え)分かっていないのですか。

新しい（**アイデア**）を出すとか、よく分からないものの仕組みを（**理解**）するとか、そういったことは、どのように（**プログラム**）すればよいか、ということ。

50

51頁

随筆　考える人の行動が世界を変える

名前

1 哲学者パスカルは、「人間は考える葦である。」と述べた。

～（中略）～

人間は、いつの時代も、社会の大きな流れに(あ)ほんろうされる存在かもしれない。しかし、一見、どうすることもできないような、その時々の世界の流れの中で、何かがおかしいと感じ、どうすればよいかを考え、行動した人たちがいた。戦争のほりょやぎせい者を救う国際赤十字を創立したデュナンや、敵・味方を問わず、負傷した兵士を看護したナイチンゲール。そして、あのクロアチア系男性だって、そうだ。(い)かれらは、それまで当然とされていたことに疑問をもち、何が正しいのか、どのような社会にしたいのかを考えた。かれらのような人々の行動が、世界を変えてきたのだ。

2 これからの世界では、AIに判断を任せればよいという人がいるが、(う)私はちがうと思う。AIは、過去の多くのデータから効率的な結論を導くだけである。(え)よりよい世界を築くには、人間が、弱い立場の人に心を寄せること、そして、何が大切なのか、何が正しいのか、どういう未来にしたいのかを考え、行動することが重要なのだ。私たち一人一人が、そんな「考える葦」になれば、どんな課題も解決することができるだろう。

※葦…水辺に生えるイネの仲間の草。

（令和六年度版　光村図書　国語　六　創造　中満　泉）

上の1・2の文章を読んで、答えましょう。

1 (1) 「人間は考える葦である。」と述べた哲学者の名前を書きましょう。

パスカル

(2) (あ)ほんろうされるの意味に〇をつけましょう。

（　）大切に見守られること。

（〇）思いのままに動かされ、もてあそばれること。

(3) (い)かれらについて、（　）に言葉を書きましょう。

それまで（**当然**）とされていたことに（**疑問**）をもち、何が（**正しい**）のか、どのような（**社会**）にしたいのかを考えた。

2 (1) (う)私はちがうと思うとありますが、どんなことについて、ちがうと思っていますか。

これからの世界では、（**AI**）に（**判断**）を任せればよいということ。

(2) (え)よりよい世界を築くのに、重要なこと二つに〇をつけましょう。

（〇）弱い立場の人に心を寄せること。

（　）これからの世界では、AIに判断を任せればよいということ。

（〇）何が大切なのか、何が正しいのか、どういう未来にしたいのかを考え、行動すること。

51

52頁

説明文　時計の時間と心の時間①

名前

1 みなさんが「時間」と聞いて思いうかべるのは、きっと時計が表す時間のことでしょう。私はこれを、(あ)「時計の時間」とよんでいます。「時計の時間」は、もともとは、地球の動きをもとに定められたもので、いつ、どこで、だれが計っても同じように進みます。

2 しかし、「心の時間」はちがいます。(い)「心の時間」とは、私たちが体感している時間のことです。みなさんは、あっというまに時間が過ぎるように感じたり、なかなか時間がたたないと思ったりしたことはありませんか。私たちが感じている時間は、いつでも、どこでも、だれにとっても、同じものとはいえません。

3 「心の時間」には、さまざまな事がらのえいきょうを受けて進み方が変わったり、人によって感覚がちがったりする(う)特性があるのです。

（令和六年度版　光村図書　国語　六　創造　一川　誠）

上の1～3の文章を読んで、答えましょう。

1 (1) 私が「時計の時間」とよんでいるのは、どんな時間のことですか。

時計が表す時間

(2) (あ)「時計の時間」は、もともと何の動きをもとに定められたものですか。

地球の動き

(3) 「時計の時間」について、（　）に当てはまる言葉を書きましょう。

（**いつ**）、（**どこ**）で、（**だれ**）が計っても（**同じ**）ように進みます。

2 (い)「心の時間」とは、どんな時間のことですか。

私たちが**体感している**時間

3 「心の時間」には、どんな(う)特性がありますか。

さまざまな事がらの（**えいきょう**）を受けて進み方が変わったり、人によって（**感覚**）がちがったりする特性。

52

53頁

説明文　時計の時間と心の時間②

名前

1 (あ)分かりやすい例が、「その人が、そのときに行っていることを、どう感じているかによって、進み方が変わる」というものです。

2 みなさんも、楽しいことをしているときは時間がたつのが速く、たいくつなときはおそく感じたという経験があるでしょう。(い)このようなことが起こるのは、時間を気にすることに、時間を長く感じさせる効果があるためだと考えられています。

3 例えば、あなたが(う)ゲームに夢中になっているときには、集中しているので、時間を気にする回数が減ります。すると、時間はあっというまに過ぎるように感じます。

4 逆に、(え)きらいなことやつまらなく感じることには、集中しにくくなるので、時間を気にする回数が増えます。その結果、時間がなかなか進まないように感じるのです。

（令和六年度版　光村図書　国語　六　創造　一川　誠）

上の1～4の文章を読んで、答えましょう。

1 「心の時間」についての(あ)分かりやすい例は、どんなものですか。

「その人が、そのときに行っていることを、（**どう感じているか**）によって、進み方が（**変わる**）」というもの。

2 (い)このようなこととは、どのようなことをいっていますか。

楽しいことをしているときは時間がたつのが（**速く**）、たいくつなときは（**おそく**）感じたという経験。

3 (1) (う)ゲームに夢中になっているときには、時間を気にする回数はどうなりますか。

集中しているので、（**減り**）ます。

(2) すると、時間はどのように感じますか。

時間は（**あっというまに過ぎる**）ように感じます。

4 (1) (え)きらいなことやつまらなく感じることには、時間を気にする回数は、どうなりますか。

集中しにくくなるので、（**増え**）ます。

(2) その結果、時間がどのように感じますか。

時間が（**なかなか進まない**）ように感じるのです。

53

※児童に取り組ませる前に、必ず先生が問題を解いてください。本書の解答や指導にあたっては、あくまで１つの例です。児童の多様な考えに寄り添って、○つけをお願いします。

解答例

※ワークシートと解答例は、学習する児童の実態にあわせて拡大してお使いください。

54頁

説明文　「永遠のごみ」プラスチック　①

名前

1
私たちの身の回りには、たくさんのプラスチック製品があります。ボールペンや消しゴム。店で買う肉や魚がのった白いトレーや、それを包んでいるラップフィルム。安くてじょうぶ、そして衛生的なこれらのプラスチックは、私たちの生活に欠かせないものです。

2
ところが、これがごみになると、とても困った問題を引き起こします。きちんと回収されずに海に流れこんでしまったプラスチックごみは、生き物の体に巻きついたり、えさとまちがえて食べられたりして、その生き物を弱らせてしまいます。

（令和六年度版　東京書籍　新編　新しい国語　六　保坂　直紀）

上の1・2の文章を読んで、答えましょう。

1 (1) 私たちの身の回りにある、プラスチック製品の例として挙げられているものを、文中から四つ書き出しましょう。

※順不同

① （ボールペン）
② （消しゴム）
③ 店で買う肉や魚がのった（白いトレー）
④ トレーを包んでいる（ラップフィルム）

(2) プラスチックとは、どんなものですか。二つ書きましょう。

① 安くて（じょうぶ）、そして（衛生的）。
② 私たちの（生活）に、欠かせないもの。

2 困った問題とはどんなことですか。

プラスチックごみは、生き物の（体）に巻きついたり、（えさ）とまちがえて（食べ）られたりして、その生き物を（弱ら）せてしまいます。

54

55頁

説明文　「永遠のごみ」プラスチック　②

名前

1
世界の海には今、一年間で八百万トンくらいのプラスチックごみが流れこんでいると、アメリカの大学などの研究者グループが推定しています。これは一日に大型ダンプトラックで二千台分もの量になります。これは二〇一〇年の結果なので、現在はさらに増えている可能性があります。

2
海をただようプラスチックごみには、いろいろな種類があります。その一つが、漁をするときに使うあみです。昔は麻などの植物で作られていましたが、現在は多くがプラスチックの糸でできています。このあみが、ウミガメやアシカなどの体に巻きついてしまうことがあります。あしにつり糸がからみついた鳥もよく見かけます。こうなると、かれらは自由に動けなくなり、えさも十分に食べられません。

3
また、海中のレジぶくろはクラゲに似ているので、クラゲをえさにするウミガメが食べてしまいます。これでおなかがいっぱいになると、本物のえさを食べられなくなります。

（令和六年度版　東京書籍　新編　新しい国語　六　保坂　直紀）

上の1～3の文章を読んで、答えましょう。

1 プラスチックごみは、一日にどのくらいの量になりますか。

（大型ダンプトラック）で（二千）台分もの量。

2 (1) 漁をするときに使うあみについて、当てはまる方に○をつけましょう。

（○）現在は多くがプラスチックの糸でできている。
（　）現在は多くが植物でできている。

(2) プラスチックの糸でできたあみやつり糸が巻きついたり、からみついたりする生き物の名前を三つ書きましょう。

ウミガメ
アシカ
鳥

3 (1) 海中のレジぶくろを、何が食べてしまいますか。

ウミガメ

(2) ウミガメがこれでおなかがいっぱいになると、どうなりますか。

（本物のえさ）を食べられなくなる。

55

56頁

説明文　「永遠のごみ」プラスチック　③

名前

1
そして最近、もう一つの大きな問題が知られるようになってきました。プラスチックごみがくだけて大きさが五ミリメートル以下になった「マイクロプラスチック」の問題です。

2
海の小さな魚は、プランクトンをえさにしています。大きさが一ミリメートルくらいのマイクロプラスチックは、このプランクトンとよく似ているので、小魚はえさだと思って食べます。この小魚を、もっと大きな魚が食べ、それをさらに大きな魚やクジラなどの動物が食べます。こうして、海の生き物全体の体にマイクロプラスチックが取りこまれていくのです。

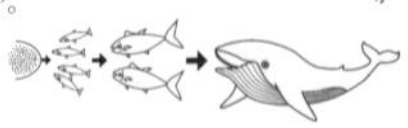

3
プラスチックの中には、生き物の体に悪いえいきょうをあたえる可能性がある成分をふくむものがあります。海をただようちに、海水にふくまれている汚染物質が表面に付着してしまうこともあります。これらがマイクロプラスチックとして生き物の体に取りこまれると、有害な成分が体内に残ってしまうことが、実験で確かめられています。

（令和六年度版　東京書籍　新編　新しい国語　六　保坂　直紀）

上の1～3の文章を読んで、答えましょう。（習っていない漢字は、ひらがなで書きましょう。）

1 五ミリメートル以下になったプラスチックがくだけて大きさが五ミリメートル以下になったプラスチックを何といいますか。

（マイクロ）プラスチック

2 (1) 海の小さな魚は、何をえさにしていますか。

プランクトン

(2) どのようにして、マイクロプラスチックが取りこまれていくのですか。順番になるように（　）に１～３の数字を書きましょう。

（２）小魚を、もっと大きな魚が食べる。
（３）大きな魚を、さらに大きな魚やクジラなどの動物が食べる。
（１）マイクロプラスチックはプランクトンとよく似ているので、小魚がえさだと思って食べる。

3 (1) プラスチックの中には、どんな成分をふくむものがありますか。

生き物の体に（悪いえいきょう）をあたえる可能性がある成分。

(2) 何がプラスチックの表面に付着してしまうことがありますか。

海水にふくまれている（汚染物質　おせん物質）が表面に付着してしまうこともあります。

(3) どんなことが実験で確かめられていますか。

（生き物の体に悪いえいきょうをあたえる成分や、汚染物質が）マイクロプラスチックとして生き物の体に取り込まれると、（有害）な成分が（体内）に残ってしまうこと。

56

57頁

説明文　「永遠のごみ」プラスチック　④

名前

1
次に、使い終わったプラスチックが、なぜこんな「困ったごみ」になるのかを説明します。

紙ごみや食べ物の残りである生ごみなどは、土にうめておくと、やがてなくなってしまいます。土の中にいるたくさんの微生物が、このごみを食べて分解してしまうからです。紙や食べ物は自然の中にもともとあるものが原料になっているので、それがごみになっても、食べてくれる微生物が自然界にちゃんといるのです。

2
ところが、プラスチックだと、そうはいきません。プラスチックは、石油などを原料にして人間が作りだしたものです。自然のものではありません。そのため、ごみとなったプラスチックを食べて分解してくれる微生物は、ほとんどいません。たとえ目に見えないほど小さくなったとしても、分解されてなくなるわけではないのです。そこが、紙ごみや生ごみなどとのちがいです。

3
きちんと回収されず、ぽい捨てされたり街のごみ箱からあふれたりしたプラスチックごみは、だれかが拾って捨てない限り、いつまでも環境をよごし続けることになります。

（令和六年度版　東京書籍　新編　新しい国語　六　保坂　直紀）

上の1～3の文章を読んで、答えましょう。（習っていない漢字は、ひらがなで書きましょう。）

1 (1) 紙ごみや生ごみは、土にうめておくと、どうなりますか。

やがて（なくなって）しまいます。

(2) 何がこのごみを食べて分解してしまうのですか。

土の中にいるたくさんの（微生物　び生物）

(3) 紙や食べ物は、どんなものが原料になっていますか。

（自然）の中にもともとあるもの。

2 (1) プラスチックは、どのようなものですか。

プラスチックは、（石油）などを原料にして（人間）が作りだしたもので、（自然）のものではない。

(2) 紙ごみや生ごみなどとのちがいについて当てはまるほうに○をつけましょう。

（○）ごみとなったプラスチックを食べて分解してくれる微生物がいないので、プラスチックは分解されない。
（　）ごみとなったプラスチックを食べて分解してくれる微生物がたくさんいるので、プラスチックは分解されてなくなる。

3 ぽい捨てされたり、街のごみ箱からあふれたりしたプラスチックごみは、どうなりますか。

だれかが拾って捨てない限り、いつまでも（環境）を汚し続けることになる。

57

※児童に取り組ませる前に、必ず先生が問題を解いてください。本書の解答や指導にあたっては、あくまで１つの例です。児童の多様な考えに寄り添って、○つけをお願いします。

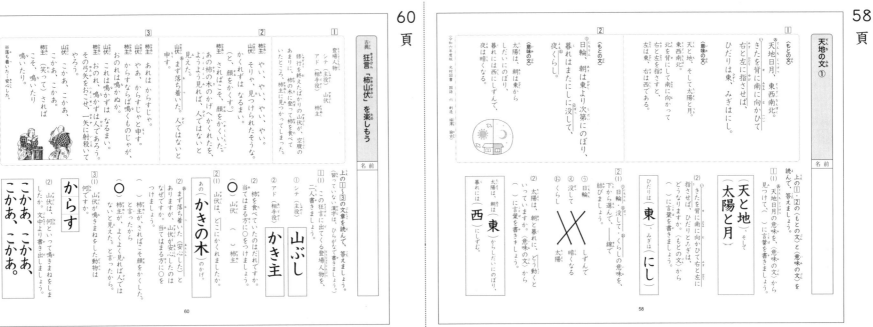

※ワークシートと解答例は、学習する児童の実態にあわせて拡大してお使いください。

58頁

天地の文 ①

名前

[1]

〈もとの文〉

㋐天地日月、東西南北。

㋑きたを背に南に向かひて

右と左に指させば、

ひだりは東、みぎはにし。

〈意味の文〉

天と地、そして太陽と月。

東西南北。

北を背にして南に向かって

右と左を指さすと、

左は東、右は西である。

[2]

〈もとの文〉

㋒日輪、朝は東より次第にのぼり、

暮れはまたにしに㋓没して、

夜㋔くらし。

〈意味の文〉

太陽は、朝は東から

しだいにのぼり、

暮れには西にしずんで、

夜は暗くなる。

（令和六年度版　光村図書　国語　六　創造　福澤　諭吉）

上の[1]・[2]の〈もとの文〉と〈意味の文〉を読んで、答えましょう。

[1] (1) ㋐天地日月の意味を、〈意味の文〉から見つけて、（　）に言葉を書きましょう。

（天と地）、そして（太陽と月）

(2) ㋑きたを背に南に向かひて右と左に指させば、ひだりとみぎは、どうなりますか。〈もとの文〉から（　）に言葉を書きましょう。

ひだりは（東）、みぎは（にし）

[2] (1) ㋒日輪・㋓没して・㋔くらしの意味を、下から選んで、――線で結びましょう。

㋒日輪　　しずんで

㋓没して　　暗くなる

㋔くらし　　太陽

（㋒日輪―太陽、㋓没して―しずんで、㋔くらし―暗くなる）

(2) 太陽は、朝と暮れに、どう動くといっていますか。〈意味の文〉から（　）に言葉を書きましょう。

太陽は、朝は（東）からしだいにのぼり、暮れには（西）にしずむ。

59頁

天地の文 ②

名前

〈もとの文〉

春夏秋冬三月づつ合はせて

三百六十日、

一年一年又一年、

百年三万六千日、

人生わづか五十年、

㋐稚き時に怠らば

㋑老いて悔ゆるも

甲斐なかるべし。

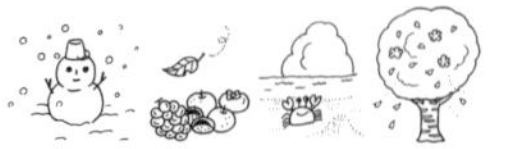

〈意味の文〉

春夏秋冬三か月ずつを合わせると

三百六十日になり、

一年一年を積み重ねると、

百年ではおよそ三万六千日となるが、

人生はわずか五十年程度である。

幼いときに努力を怠り、

年を取ってから後悔しても

しかたがない。

（だから、後悔のないように、

今、努力をおしまないように

するのがよい。）

（令和六年度版　光村図書　国語　六　創造　福澤　諭吉）

上の〈もとの文〉と〈意味の文〉を読んで、答えましょう。

(1) 〈もとの文〉を見て（　）にあう言葉を書きましょう。

春夏秋冬（三）月づつ合わせて（三百六十）日

(2) 人生はわづか何年と書いてありますか。

人生わづか（五十）年

(3) ㋐稚き時に怠らばに当てはまる文を、〈意味の文〉から見つけて書きましょう。

（幼い）ときに（努力）を怠り、

(4) ㋑老いて悔ゆるも甲斐なかるべし。に当てはまる文を、〈意味の文〉から見つけて書きましょう。

（年）を（取って）から後悔してもしかたがない。

(5) この文章で、筆者が伝えたいことに○をつけましょう。

（○）今、努力をした方がよい。

（　）年を取るまで努力をしなくてもよい。

60頁

古典 狂言「柿山伏」を楽しもう

名前

[1]

登場人物

シテ（主役）　山伏

アド（相手役）　柿主

修行を終えたばかりの山伏が、空腹のあまりに、柿の木に登って柿を食べていたところ、柿主に見つかってしまった。

[2]

柿主　やい、やい、やい、やい。

山伏　そりゃ、見つけられたそうな。

かくれずは　なるまい。

（と、顔をかくす。）

柿主　さればこそ、顔をかくいた。

あの柿の木のかげへかくれたを、ようよう見れば、人ではないと見えた。

山伏　㋐まず落ち着いた。人ではないと申す。

[3]

柿主　あれは　からすじゃ。

山伏　やあ、からすじゃと申す。

柿主　からすならば鳴くものじゃが、おのれは鳴かぬか。

山伏　これは鳴かずは　なるまい。

柿主　おのれ、鳴かずは人であろう。その弓矢をおこせ、一矢に射殺いてやろう。

山伏　こかあ、こかあ、こかあ、こかあ。

柿主　（笑って）されば こそ、鳴いたり　鳴いたり。

※落ち着いた…安心した。

（令和六年度版　光村図書　国語　六　創造　「狂言「柿山伏」を楽しもう」による）

上の[1]～[3]の文章を読んで、答えましょう。（習っていない漢字は、ひらがなで書きましょう。）

[1] (1) この狂言に出てくる登場人物を、二人書きましょう。

① シテ（主役）　山ぶし

② アド（相手役）　かき主

(2) 柿を食べていたのはだれですか。当てはまる方に○をつけましょう。

（○）山伏　（　）柿主

[2] (1) 山伏は、どこにかくれましたか。

あの（かきの木）のかげ。

(2) ㋐まず落ち着いた（安心した）とありますが、山伏が安心したのはなぜですか。当てはまる方に○をつけましょう。

（　）柿主が、さればこそ顔をかくした。と言ったから

（○）柿主が、よくよく見れば人ではないと見えた。と言ったから。

[3] (1) 山伏が鳴きまねをした動物は何ですか。

からす

(2) 山伏は、何といって鳴きまねをしましたか。文中より書き出しましょう。

こかあ、こかあ、こかあ、こかあ。

61頁

詩 詩から表現の工夫を学ぶ ①

名前

● 次の文は詩の表現技法についての説明です。□に当てはまる言葉を□から選んで書きましょう。

① 比喩 … あるものを他のものに たとえ て表す方法。

（例…わたがしみたいな雲。）

※人間でないものを人間であるかのように表す擬人法も、比喩の一つ。

② 倒置 … 言葉の 順番 を、ふつうと反対に置きかえる方法。

（例…甘いものが好きだ。辛いものよりも。）

③ 反復 … 同じ、または似た言葉や文を、連続させたり、 くり返し たりする方法。

（例…何度も何度も練習した。）

④ 擬声語 … 動物などの 声 や自然の音、物音などを、まねて表した言葉。擬音語ともいう。

（例…からすがカアカアと鳴く。）

⑤ 擬態語 … 生物や物事の様子や動きの感じを、それらしい音のように表した言葉。

（例…きらきらとかがやく星。）

※「擬声語」と「擬態語」を合わせて オノマトペ ともいう。

声　オノマトペ　順番　くり返し　たとえ

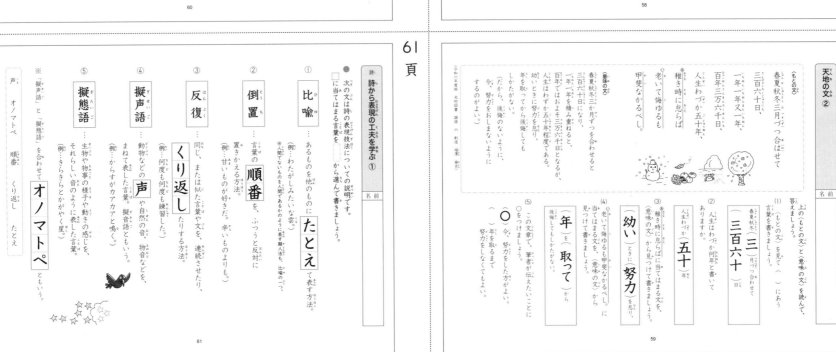

※児童に取り組ませる前に、必ず先生が問題を解いてください。本書の解答や指導にあたっては、あくまで１つの例です。児童の多様な考えに寄り添って、○つけをお願いします。

解答例

※ワークシートと解答例は、学習する児童の実態にあわせて拡大してお使いください。

62頁

詩　詩から表現の工夫を学ぶ②

名前

1
蟻が
蝶の羽をひいて行く
ああ
ヨットのやうだ

三好　達治「土」

2
さわってみようかなあ　つるつる
おしてみようかなあ　ゆらゆら

谷川　俊太郎「どきん」の一部

3
だがキミ！　夏休みよ
もう一度　もどってこないかな
忘れものをとりにさ

高田　敏子「忘れもの」の一部

（令和六年度版　光村図書　国語　六　創造「詩から表現の工夫を学ぶ」による）

上の1〜3の詩を読んで、答えましょう。

1 (1) 蟻が蝶の羽をひいて行く様子を、何のようだとたとえていますか。

ヨット

(2) この詩で使われている表現の工夫に、○をつけましょう。

（　）擬声語（声や音をまねて表す。）
（○）比喩（あるものを他のものにたとえる。）

2 この詩で使われているオノマトペを二つ書きましょう。

※順不同

つるつる

ゆらゆら

3 (1) この詩の――部で使われている表現の工夫はどれですか。○をつけましょう。

（○）倒置（言葉の順を入れかえる）
（　）反復（言葉をくり返す）

(2) もう一度　もどってこないかなとは、何によびかけた言葉ですか。

夏休み

62

63頁

詩　準備

名前

準備

高階　杞一

1
ⓐ待っているのではない
準備をしているのだ
飛び立っていくための

2
見ているのではない
ⓘ測ろうとしているのだ
風の向きや速さを

3
初めての位置
初めての高さを
こどもたちよ
ⓤおそれてはいけない
この世のどんなものもみな
「初めて」から出発するのだから

4
落ちることにより
初めてほんとうの高さがわかる
うかぶことにより
初めて
ⓔ雲の悲しみがわかる

（令和六年度版　光村図書　国語　六　創造　高階　杞一）

上の詩を読んで、答えましょう。

1 ⓐ待っているのではないとありますが、何をしているのですか。

（準備）をしているのだ
（飛び立っていく）ための

2 ⓘ測ろうとしているのだとありますが、何を測ろうとしているのですか。二つ書きましょう。

※順不同

風の（向き）

風の（速さ）

3 (1) ⓤおそれてはいけないとありますが、何をおそれてはいけないのですか。二つ書きましょう。

※順不同

初めての（位置）

初めての（高さ）

(2) ⓤおそれてはいけないのは、なぜですか。当てはまる方に○をつけましょう。

（○）どんなこともすべて、「初めて」から始まるから。
（　）おそれることで、失敗するから。

4 ⓔ雲の悲しみは何をすることでわかりますか。

（うかぶ）ことによりわかる。

63

64頁

詩　名づけられた葉

名前

名づけられた葉

新川　和江

1
ポプラの木には　ポプラの葉
何千何万芽をふいて
緑の小さな手をひろげ
いっしんにひらひらさせても
ひとつひとつのてのひらに
ⓐ載せられる名はみな同じ〈ポプラの葉〉

2
ⓘわたしも
いちまいの葉にすぎないけれど
あつい血の樹液をもつ
にんげんの歴史の幹から分かれた小枝に
不安げにしがみついた
おさない葉っぱにすぎないけれど
わたしは呼ばれる
わたしだけの名で　朝に夕に

3
だからわたし　ⓤ考えなければならない
誰のまねでもない
葉脈の走らせ方を　刻みのいれ方を
せいいっぱい緑をかがやかせて
うつくしく散る法を
名づけられた葉なのだから
考えなければならない
どんなに風がつよくとも

（令和六年度版　光村図書　国語　六　創造　新川　和江）

上の詩を読んで、答えましょう。

1 (1) この詩は、何連でできていますか。

（三）連

(2) ⓐ載せられる名を五文字で書き出しましょう。

ポプラの葉

2 ⓘわたしを、葉や葉っぱを使って表しています。二つ書き出しましょう。

いちまいの　葉に　すぎないけれど

おさない　葉っぱに　すぎないけれど

3 わたしは、何をⓤ考えなければならないのですか。三つ書き出しましょう。

① 誰のまねでもない（葉脈）の走らせ方

② （刻み）のいれ方

③ せいいっぱい緑をかがやかせて（うつくしく散る法）を

64

65頁

季節の言葉　春のいぶき①

二十四節気「春」の言葉

名前

● 日本では、こよみのうえで季節を二十四に区切っていました（二十四節気）。次は、二十四節気の「春」を表す言葉について説明した表です。

(1) ――線の言葉のよみがなをなぞりましょう。

(2) （　）に当てはまる言葉を□から選んで書きましょう。

二十四節気	よみがな	説明
立春　二月四日ごろ	りっしゅん	こよみのうえで、（春）が始まる日。
雨水　二月十九日ごろ	うすい	降る雪が雨に変わり、深く積もった（雪）も解け始める。このころから、早春の気配が感じられるようになる。
啓蟄　三月六日ごろ	けいちつ	地中で冬眠していた虫がはい出てくるころという意味。春も、もうまもなく本番になるころである。
春分　三月二十一日ごろ	しゅんぶん	昼と（夜）の長さが、ほぼ等しくなる。春のひがんの中日である。
清明　四月五日ごろ	せいめい	気候がしだいに温暖になり、すがすがしく、明るい空気に満ちあふれるころ。
穀雨　四月二十日ごろ	こくう	いろいろな穀物をうるおし、芽を出させる春の雨という意味。これを過ぎると、いよいよ（夏）が近づいてくる。

夏　雪　春　夜

（令和六年度版　光村図書　国語　六　創造「季節の言葉１　春のいぶき」による）

65

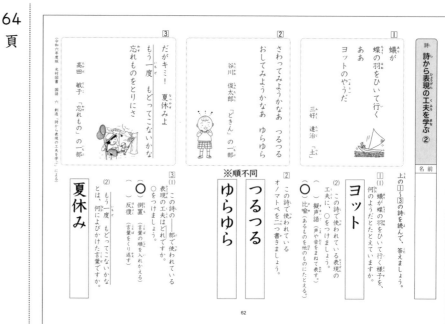

※ワークシートと解答例は、学習する児童の実態にあわせて拡大してお使いください。

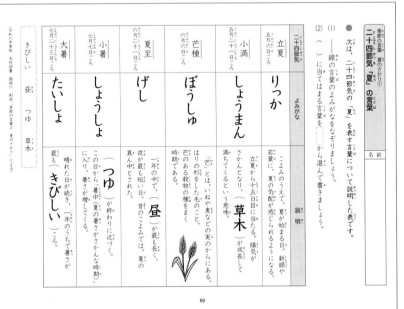

※児童に取り組ませる前に、必ず先生が問題を解いてください。本書の解答や指導にあたっては、あくまで１つの例です。児童の多様な考えに寄り添って、○つけをお願いします。

66頁

季節の言葉　春のいぶき②

短歌

名前

● 次の短歌を読んで、答えましょう。

木立より／雪解のしづく／落つるおと／
聞きつつわれは／歩みをとどむ

斎藤　茂吉

※雪解…雪どけのこと。

（令和六年度版　光村図書　国語　六　創造「季節の言葉１　春のいぶき」による）

(1) 五・七・五・七・七のリズムで読めるように、短歌を／線で区切りましょう。

(2) 作者は何を聞いて春を感じましたか。短歌の中の言葉を□や□に書きましょう。

木の枝から **雪** 解けのしずくが落ちる **おと**。

(3) 歩みをとどむの意味に、○をつけましょう。

（　）歩きつづけた。
（**○**）立ち止まった。

66

67頁

季節の言葉　春のいぶき③

俳句

名前

● 次の俳句を読んで答えましょう。

掘り返す／塊光る／穀雨かな

西山　泊雲

※塊…土のかたまり。

（令和六年度版　光村図書　国語　六　創造「季節の言葉１　春のいぶき」による）

(1) 五・七・五のリズムで読めるように、俳句を／線で区切りましょう。

(2) 季節を表す二十四節気の言葉（季語）をさがして書きましょう。
（習っていない漢字は、ひらがなで書いてもかまいません。）

穀雨（こく雨）

(3) どんな様子に春を感じていますか。

掘り返した（**土**）のかたまりが、雨で光っている様子。

67

68頁

季節の足音　春

詩「テニス」

名前

テニス

竹中　郁

日曜日のあお天気は
手毬のぐるりに燃えてゐる
僕たちのいラケットが鳴るたびに
お天気は一層晴れ渡る

（令和六年度版　東京書籍　新編　新しい国語　六「季節の足音　春」による）

上の詩を読んで、答えましょう。

(1) 何連の詩ですか。

（**二**）連

(2) 詩の題名を書きましょう。

テニス

(3) 作者の名前を、ひらがなで書きましょう。

たけなか　いく

(4) いつのあお天気ですか。

日曜日

(5) 手毬とは、何のことですか。○をつけましょう。

（　）テニスのラケット
（**○**）テニスのボール

(6) いラケットが鳴るたびに、お天気はどうなりますか。

一層（**晴れ**）渡る

68

69頁

季節の言葉　夏のさかり①

二十四節気「夏」の言葉

名前

● 次は、二十四節気の「夏」を表す言葉について説明した表です。

(1) ――線の言葉のよみがなをなぞりましょう。

(2) （　）に当てはまる言葉を□から選んで書きましょう。

二十四節気	よみがな	説明
立夏 五月六日ごろ	**りっか**	こよみのうえで、夏が始まる日。新緑や若葉に、夏の気配が感じられるようになる。
小満 五月二十一日ごろ	**しょうまん**	立夏から十五日目に当たる。陽気がさかんとなり、（**草木**）が成長して満ちてくるという意味。
芒種 六月六日ごろ	**ぼうしゅ**	「芒」とは、いねや麦などの実のからにある、はりの形をした毛のこと。芒のある穀物の種をまく時期である。
夏至 六月二十一日ごろ	**げし**	一年の中で、（**昼**）が最も長く、夜が最も短い日。昔のこよみでは、夏の真ん中とされた。
小暑 七月七日ごろ	**しょうしょ**	（**つゆ**）が終わりに近づく。この日から「暑中（夏の暑さがさかんな時期）」に入り、暑さが増してくる。
大暑 七月二十三日ごろ	**たいしょ**	晴れた日が続き、一年のうちで暑さが最も（**きびしい**）ころ。

きびしい　昼　つゆ　草木

（令和六年度版　光村図書　国語六　創造「季節の言葉２　夏のさかり」による）

69

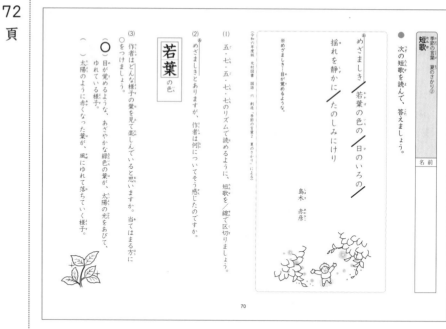

※児童に取り組ませる前に、必ず先生が問題を解いてください。本書の解答や指導にあたっては、あくまで１つの例です。児童の多様な考えに寄り添って、○つけをお願いします。

解答例

※ワークシートと解答例は、学習する児童の実態にあわせて拡大してお使いください。

70頁

季節の言葉　夏のさかり②

短歌

名前

● 次の短歌を読んで、答えましょう。

めざましき／若葉の色の／日のいろの／揺れを静かに／たのしみにけり

島木　赤彦

※めざましき…目が覚めるような。

(1) 五・七・五・七・七のリズムで読めるように、短歌を／線で区切りましょう。

(2) めざましきとありますが、作者は何についてそう感じたのですか。

若葉の色

(3) 作者はどんな様子の葉を見て楽しんでいると思いますか。当てはまる方に○をつけましょう。

（ ○ ）目が覚めるような、あざやかな緑色の葉が、太陽の光をあびて、ゆれている様子。

（　）太陽のように赤くなった葉が、風にゆれて落ちていく様子。

（令和六年度版　光村図書　国語　六　創造「季節の言葉２　夏のさかり」による）

70

71頁

季節の言葉　夏のさかり③

俳句

名前

● 次の俳句を読んで答えましょう。

くず餅の／きな粉しめりし／大暑かな

鈴木　真砂女

※しめりし…しめりけがある。

(1) 五・七・五のリズムで読めるように、俳句を／線で区切りましょう。

(2) 二十四節気の言葉（季語）を書き出しましょう。

大暑

(3) 一年のうちで暑さが最もきびしいころのため、何がしめってしまったのですか。

くず餅の（**きな粉**）

（令和六年度版　光村図書　国語　六　創造「季節の言葉２　夏のさかり」による）

71

72頁

季節の足音　夏

詩「祖母」

名前

祖母

三好　達治

祖母は蛍をかきあつめて
桃の実のやうに合せた掌の中から
沢山な蛍をくれるのだ

祖母は月光をかきあつめて
桃の実のやうに合せた掌の中から
沢山な月光をくれるのだ

上の詩を読んで、答えましょう。

(1) 何連の詩ですか。

（**二**）連

(2) 題名を書きましょう。

祖母

(3) 作者の名前を書きましょう。

三好　**達治**

(4) この詩の第一連と第二連は同じ表現をくり返していますが、違う言葉があります。見つけて書きましょう。

蛍　と　**月光**

(5) 第一連の祖母は蛍をかきあつめてと同じ「祖母」で始まる文を、第二連から見つけて書きましょう。

祖母は（**月光をかきあつめて**）

(6) 祖母がくれるものは何ですか。二つに○をつけましょう。

（ ○ ）蛍

（　）桃の実

（ ○ ）月光

（令和六年度版　東京書籍　新編　新しい国語　六「季節の足音　夏」による）

72

73頁

季節の言葉　秋の深まり①

二十四節気「秋」の言葉

名前

● 次は、二十四節気の「秋」を表す言葉について説明した表です。

(1) ――線の言葉のよみがなをなぞりましょう。

(2) （　）に当てはまる言葉を□から選んで書きましょう。

二十四節気	よみがな	説明
立秋　八月八日ごろ	**りっしゅう**	こよみのうえで、（**秋**）が始まる日。
処暑　八月二十三日ごろ	**しょしょ**	（**暑さ**）がやむという意味。立秋から十五日目に当たる。
白露　九月八日ごろ	**はくろ**	草木の葉につゆが結ぶころ。このころから、だんだん秋らしい感じが増してくる。
秋分　九月二十三日ごろ	**しゅうぶん**	昼と夜の長さがほぼ等しくなる。これより後は、（**夜**）の時間が長くなっていく。秋のひがんの中日である。
寒露　十月八日ごろ	**かんろ**	冷気に当たって、つゆもこおりそうになるころ。木々の葉も、紅葉したり、落葉したりするようになる。
霜降　十月二十三日ごろ	**そうこう**	（**しも**）が降りるころ。冬が近づいてきたことを感じられるようになる。

しも　秋　夜　暑さ

（令和六年度版　光村図書　国語　六　創造「季節の言葉３　秋の深まり」による）

73

解答例

※ワークシートと解答例は、学習する児童の実態にあわせて拡大してお使いください。

※児童に取り組ませる前に、必ず先生が問題を解いてください。本書の解答や指導にあたっては、あくまで１つの例です。児童の多様な考えに寄り添って、○つけをお願いします。

74頁

季節の言葉　秋の深まり②
短歌

名前

● 次の短歌を読んで、答えましょう。

ⓐ秋立つ日こそ／ⓘ涼しかりけれ

とことはに／吹く夕暮の／風なれど／

藤原公実

※とことはに……いつでも。

（令和六年度版　光村図書　国語　六　創造「季節の言葉3　秋の深まり」による）

(1) 五・七・五・七・七のリズムで読めるように、短歌を／線で区切りましょう。

(2) ⓐ秋立つ日は、二十四節気の言葉では、何といいますか。当てはまるもの一つに○をつけましょう。

（　）立夏
（　）立春
（○）立秋

(3) ⓘ涼しかりけれとありますが、作者は何を涼しいと感じましたか。

夕暮れの（**風**）

75頁

季節の言葉　秋の深まり③
俳句

名前

● 次の俳句を読んで答えましょう。

白露や／茨の刺に／一つづつ

与謝蕪村　**よさぶそん**

※茨…バラやカラタチなど、とげのある木。

（令和六年度版　光村図書　国語　六　創造「季節の言葉3　秋の深まり」による）

(1) 五・七・五のリズムで読めるように、俳句を／線で区切りましょう。

(2) 二十四節気の言葉（季語）を俳句の中から一つ見つけて書きましょう。

白露

(3) 右の俳句で、作者は何に季節を感じていますか。当てはまるものに○をつけましょう。

（○）茨の刺に一つずつ付いたつゆ。
（　）茨の刺に一つだけ付いたつゆ。

(4) 茨とは、どんな木ですか。

バラやカラタチなど、**とげ**のある木。

(5) 作者の名前の横に、ふりがなを書きましょう。

76頁

季節の足音　秋
詩「**素朴な琴**」／**短歌**

名前

1

素朴な琴

八木重吉

この明るさのなかへ
ひとつのⓐ素朴な琴をおけば
秋の美くしさにⓘ耐へかね
琴はしづかに鳴りいだすだらう

※鳴りいだす…「鳴り始める」の意味。

2

虹よ立て／夏の終りをも／ⓤ生きてゆく／
ぼくのいのちの／頭上はるかに

早坂類

（令和六年度版　東京書籍　新編　新しい国語　六「季節の足音　秋」による）

1 の詩を読んで、答えましょう。

(1) ⓐ素朴とは、どのような意味ですか。○をつけましょう。

（○）かざりけがなく自然なこと
（　）美しいこと

(2) 季節はいつですか。一つに○をつけましょう。

（　）春　（　）夏
（○）秋　（　）冬

(3) ⓘ耐へかねとは、どのような意味ですか。○をつけましょう。

（○）耐えられなくなって
（　）耐えようとして

(4) 何に耐へかねているのですか。

（**秋**）の（**美しさ**）

2 の短歌を読んで、答えましょう。

(1) 五・七（八）・五・七・七のリズムで読めるように、上の短歌を／線で区切りましょう。

(2) 季節はいつですか。一つに○をつけましょう。

（　）夏のはじめ
（　）真夏
（○）夏の終わり

(3) ⓤ生きてゆくとありますが、だれ（何）が生きてゆくのですか。○をつけましょう。

（　）虹
（○）ぼく

77頁

季節の言葉　冬のおとずれ①
二十四節気「冬」の言葉

名前

● 次は、二十四節気の「冬」を表す言葉について説明した表です。

(1) ――線の言葉のよみがなをなぞりましょう。

(2) （　）に当てはまる言葉を□から選んで書きましょう。

二十四節気	よみがな	説明
立冬　十一月七日ごろ	りっとう	こよみのうえで、（**冬**）が始まる日。まだ秋の気配は残っているが、しだいに冬に近づいていく。
小雪　十一月二十二日ごろ	しょうせつ	寒さはまだ深まっておらず、（**雪**）もそれほど多くはないころ。冬の気配は進んでいる。
大雪　十二月七日ごろ	たいせつ	寒気が増し、雪も激しくなってくるころ。この日を過ぎると、いっそう冬らしくなる。
冬至　十二月二十二日ごろ	とうじ	一年の中で、昼の時間が最も短く、（**夜**）が最も長い日。かぼちゃなど、特定の物を食べる習わしがある。
小寒　一月五日ごろ	しょうかん	この日から立春になるまでの期間を「寒」といい、小寒は「寒の入り」ともいわれる。
大寒　一月二十日ごろ	だいかん	一年の中で最も寒い時期。「寒」があけて立春になると、（**春**）が近づいてくる。

春　夜　冬　雪

（令和六年度版　光村図書　国語　六　創造「季節の言葉4　冬のおとずれ」による）

解答例

※ワークシートと解答例は、学習する児童の実態にあわせて拡大してお使いください。

78頁

季節の言葉　冬のおとずれ②
短歌／俳句

名前

1 次の短歌を読んで、答えましょう。

あたらしく／冬きたりけり／鞭のごと／幹ひびき合ひ／竹群はあり

宮　柊二

※竹群…竹やぶ。竹の林。

（令和六年度版　光村図書　国語　六　創造「季節の言葉4　冬のおとずれ」による）

(1) 五・七・五・七・七のリズムで読めるように、短歌を／線で区切りましょう。

(2) 季節はいつですか。

冬

(3) 鞭のごと幹ひびき合ひとは、どんな様子を表していますか。当てはまる方に○をつけましょう。

（○）冬の風がふき、竹やぶの竹が鞭のように曲がり、幹どうしが当たって、音をひびき合わせている様子。

（　）竹の幹を、鞭でたたいて音を鳴らしている様子。

2 次の俳句を読んで、答えましょう。

寒に入る／夜や星空／きらびやか

長谷川　素逝

（令和六年度版　光村図書　国語　六　創造「季節の言葉4　冬のおとずれ」による）

(1) 五・七・五のリズムで読めるように、俳句を／線で区切りましょう。

(2) 俳句の季語（季節を表す言葉）は何ですか。一つに○をつけましょう。

（　）きらびやか　（○）寒に入る　（　）夜

(3) 寒に入る日の夜の、何を見てきらびやかだと言っていますか。

星空

79頁

季節の足音　冬
詩「手紙」

名前

手紙

武鹿　悦子

はなびらの手紙も
落葉の手紙も
おくりとどけたあと
川は
じぶんの果した役割りを
そっと思いかえしている
粉雪の手紙を
まいにち　まいにち
受けとりながら

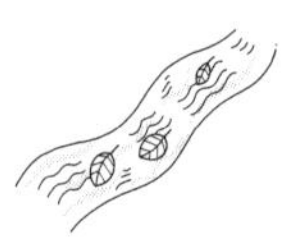

（令和六年度版　東京書籍　新編　新しい国語　六「季節の足音　冬」による）

(1) 上の詩を読んで、答えましょう。

おくりとどけたとありますが、何をおくりとどけたのですか。二つ書きましょう。

①（はなびら）の手紙

②（落葉）の手紙

(2) おくりとどけたのは、だれ（何）ですか。

川

(3) 思いかえしているとありますが、何を思いかえしているのですか。

じぶんの果した（役割り）

(4) 思かえしているのは、だれ（何）ですか。

川

(5) 受けとりながらとありますが、何を受けとっていますか。一つに○をつけましょう。

（　）はなびらの手紙

（　）落葉の手紙

（○）粉雪の手紙

80頁

言葉
場面に応じた言葉づかい ①

名前

(1) 次の【　】のような場面では、どちらの言葉づかいがふさわしいですか。当てはまるほうに○をつけましょう。

①【家族に伝えるとき】

お父さんが、こっちに来てほしいって｛（　）おっしゃって／（○）言って｝いたよ。

②【電話をかけてきた人に伝えるとき】

｛（○）父／（　）お父さん｝は、夕方には帰ると｛（○）申して／（　）言って｝おりました。

③【先生に話しかけるとき】

先生は、何時に｛（○）いらっしゃいますか／（　）来ますか｝。

④【同級生に話しかけるとき】

昨日の夜ごはんは、何を｛（　）召し上がった／（○）食べた｝の。

(2) 次のような場面では、どのような言葉づかいがふさわしいですか。当てはまる言葉を下の□から選んで書きましょう。

①【先生がしたことを話すとき】

先生から、手紙を（いただいた）。

【友達がしたことを話すとき】

友達から、手紙を（もらった）。

いただいた
もらった

②【家で家族に伝えるとき】

工場の方に話を（聞いたよ）。

【学級会でクラスのみんなに報告するとき】

工場の方に話を（うかがいました）。

うかがいました
聞いたよ

81頁

言葉
場面に応じた言葉づかい ②

名前

(1)【　】の場面について、ふさわしい言葉づかいになるように、上の文と下の文を——線で結びましょう。

①【荷物を持つのを手伝おうかと、たずねるとき】

（小学一年生に対して）その荷物、——持ってあげようか。

（校長先生に対して）その荷物、——お持ちしましょうか。

②【クラブ活動の内容を紹介するとき】

（友達に対して）クラブ活動の内容を——紹介するね。

（参観日にみんなの前で）クラブ活動の内容を——ご紹介します。

③【道順を教えるとき】

（友達に対して）道を——案内しようか。

（地域の人に対して）道を——ご案内しましょうか。

(2) 次のような場面では、どちらの言葉づかいがふさわしいですか。当てはまる方に○をつけましょう。

①【いそがしそうにしている人に何かをたずねるとき】

（○）少しお時間いいですか。これについて教えてもらいたいのですが。

（　）ねえ、これについて教えてくれないかな。

②【知らない人に道をたずねるとき】

（　）スーパーに行きたいんだけど、どう行けばいいの。

（○）スーパーに行きたいのですが、どう行けばいいですか。

③【先生に本を借りるとき】

（　）この本、借りてもいいかな。

（○）この本を、お借りしてもいいですか。

④【手紙で卒業生に返事をするとき】

（○）こんにちは。お手紙をいただき、ありがとうございました。

（　）こんにちは。手紙をくれて、ありがとう。

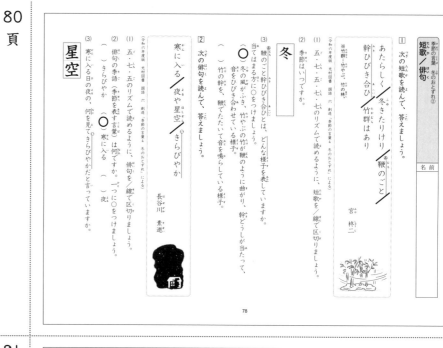

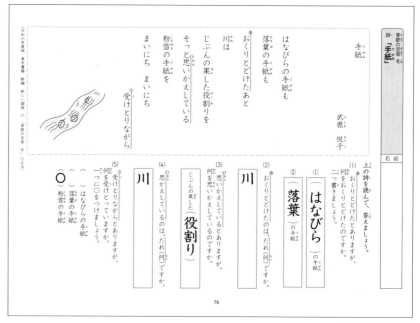

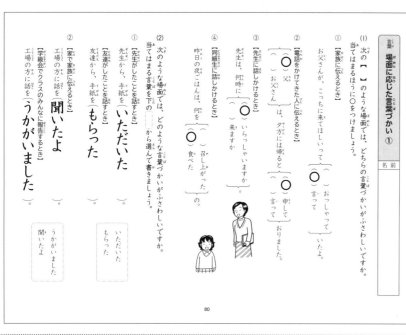

解答例

※ワークシートと解答例は、学習する児童の実態にあわせて拡大してお使いください。

※児童に取り組ませる前に、必ず先生が問題を解いてください。本書の解答や指導にあたっては、あくまで１つの例です。児童の多様な考えに寄り添って、○つけをお願いします。

82頁

言葉 **仮名づかい**

名前

(1) 次の言葉をひらがなで書くとき、正しい方に○をつけましょう。

① 地面 （○）じめん （　）ぢめん

② 身近 （○）みぢか （　）みじか

③ 手作り （○）てづくり （　）てずくり

④ 続く （　）つずく （○）つづく

⑤ 布地 （　）ぬのぢ （○）ぬのじ

⑥ 略図 （　）りゃくづ （○）りゃくず

(2) 次の文の、――線を引いた漢字の読み方を□に書きましょう。

① 日が暮れたので、家路を急ぐ。　いえじ

② ぶつかって、鼻血が出た。　はなぢ

③ 机の上に、地図を広げる。　ちず

④ 今日の月は、三日月だ。　みかづき

⑤ セーターを洗ったら、縮んでしまった。　ちぢんで

⑥ 卒業の日が、間近にせまってきた。　まぢか

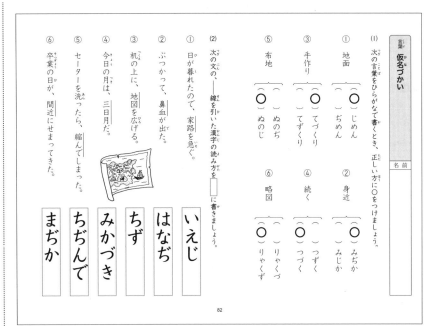

83頁

言葉 **似た意味の言葉の使い分け**

名前

(1) 次の文では、どちらの言葉を使った方がよい印象をあたえますか。当てはまるほうに○をつけましょう。

① お母さんは、古くなったものも捨てない｛（　）けちな　（○）ものを大切にする｝性格だ。

② 私は成功するまで、｛（○）ねばり強く　（　）しつこく｝何度も練習した。

③ ｛（○）積極的　（　）でしゃばり｝な田中くんは、何度も手をあげて質問した。

④ 小さい子どもたちが遊んでいる声が｛（　）うるさい　（○）にぎやかだ｝。

⑤ ｛（　）頑固な　（○）意志が強い｝弟は、マラソンの練習を一日も休まずやりきった。

(2) 次の【　】のような気持ちのときには、どちらの言葉を使うとよいですか。当てはまる言葉を下の□から選んで（　）に書きましょう。

① ㋐【遠足が延期になってうれしい】
雨の（おかげで）遠足が延期になった。

㋑【遠足が延期になって悲しい】
雨の（せいで）遠足が延期になった。

せいで
おかげで

② ㋐【ほめられている兄のようになりたい】
兄がほめられて（うらやましい）。

㋑【兄ばかりほめられてくやしい】
兄がほめられて（ねたましい）。

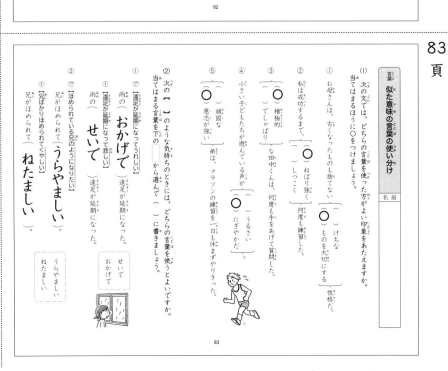

うらやましい
ねたましい

【本書の発行のためにご協力頂いた先生方】（敬称略）

羽田　純一（はだ　じゅんいち）　元京都府公立小学校教諭

中村　幸成（なかむら　ゆきなり）　元奈良教育大学附属小学校主幹教諭

新川　雄也（しんかわ　ゆうや）　元愛媛県小学校教諭

【企画・編集】

原田　善造（はらだ　ぜんぞう）　学校図書教科書編集協力者
わかる喜び学ぶ楽しさを創造する教育研究所・著作研究責任者
元大阪府公立小学校教諭
（高槻市立芥川小学校特別支援学級教諭）

授業目的公衆送信などについての最新情報はこちらをご覧ください。

喜楽研の支援教育シリーズ

ゆっくり ていねいに 学びたい子のための

読解ワーク　ぷらす　6 年

2025 年 3 月 10 日　第 1 刷発行

原稿執筆者：羽田 純一・中村 幸成・新川 雄也・水本 絵夢　他

イラスト：山口 亜耶・浅野 順子・白川 えみ　他

企画・編著：原田 善造（他 8 名）

編集担当：堀江 優子

発行者：岸本 なおこ

発行所：喜楽研（わかる喜び学ぶ楽しさを創造する教育研究所：略称）
〒604-0854　京都府京都市中京区仁王門町 26-1　5F
TEL　075-213-7701　FAX　075-213-7706

印刷：株式会社米谷

ISBN 978-4-86277-426-2　Printed in Japan